四特 教育系列丛书 SITEJIAOYUXILIECONGSHU

U0724119

孩子的微笑

《"四特"教育系列丛书》编委会 编著

吉林出版集团股份有限公司
全国百佳图书出版单位

图书在版编目 (CIP) 数据

孩子的微笑 / 《"四特"教育系列丛书》编委会编著.
—长春：吉林出版集团股份有限公司，2012.4
（"四特"教育系列丛书 / 庄文中等主编. 在故事中
升华经典）
ISBN 978-7-5463-8668-3

Ⅰ. ①孩… Ⅱ. ①四… Ⅲ. ①中小学教育－通俗读物
Ⅳ. ① G63-49

中国版本图书馆 CIP 数据核字（2012）第 044139 号

孩子的微笑
HAIZI DE WEIXIAO

出 版 人	吴　强	
责任编辑	朱子玉　杨　帆	
开　　本	690mm×960mm　1/16	
字　　数	250 千字	
印　　张	13	
版　　次	2012 年 4 月第 1 版	
印　　次	2023 年 2 月第 3 次印刷	

出　　版	吉林出版集团股份有限公司
发　　行	吉林音像出版社有限责任公司
地　　址	长春市南关区福祉大路 5788 号
电　　话	0431-81629667
印　　刷	三河市燕春印务有限公司

ISBN 978-7-5463-8668-3　　　　定价：39.80 元

前　言

　　学校教育是个人一生中所受教育最重要的组成部分，个人在学校里接受计划性的指导，系统地学习文化知识、社会规范、道德准则和价值观念。学校教育从某种意义上讲，决定着个人社会化的水平和性质，是个体社会化的重要基地。知识经济时代要求社会尊师重教，学校教育越来越受重视，在社会中起到举足轻重的作用。

　　"四特教育系列丛书"以"特定对象、特别对待、特殊方法、特例分析"为宗旨，立足学校教育与管理，理论结合实践，集多位教育界专家、学者及一线校长、老师的教育成果与经验于一体，围绕困扰学校、领导、教师、学生的教育难题，集思广益，多方借鉴，力求将其全面彻底解决。

　　本辑为"四特教育系列丛书"之《在故事中升华经典》。

　　这是一部写给老师的书，因为故事中蕴含着慈爱、和谐、人性的教育方式；这也是一部写给学生的书，因为故事中洒满老师对学生的温暖、感动、爱意、执着、顽强与刚毅……

　　教育是一门科学，也是一门艺术，是塑造人心智的高超艺术。对于教育人人都有自己的看法，而这本书中的观点能给人以许多启示。本书还汇集了众多著名教育学家、知名教师的经典教育文论，共同领略著名专家学术研究风范，引领我们进入教改理论与实践前沿，分享最新研究成果，把握创新教学理念脉搏，感悟前瞻性的教学思想。

　　教育，润物无声，是一种智慧、一种境界、一种追求。教育的这种智慧，这种境界，这种追求，虽然无声无形，但却有踪迹可寻。在教育实践中，那一个个平凡却并不平淡的片段，或呈现出教师解决问题的教育智慧；或记录着教师走出困惑的教学经历；或展现出教师奉献爱心的热忱。回顾那一个又一个生动的教育实践，既是一个沉淀的过程，也是一个升华的过程。

　　本辑共 20 分册，具体内容如下：

　　1.《师生情难忘》

　　如果我们的人生有一段华美的乐章，那一定来自老师教给我们的 7 个音符！一天天，一年年，我们在校园里茁壮成长。从懵懂孩童到青春飞扬，然后进入社会大舞台搏击人生。老师谆谆教诲的深情，是我们前行的灯火，给我们温暖、力量和信念……本书选录了 100 篇发生在师生之间的真情故事。这些平凡而真切的故事，让我们感动，让我们沉思，让我们回忆，让我们心怀敬意和感激……

　　2.《记忆深处》

　　翩翩红叶，徐徐飘落，总不忘留给土地柔软与肥沃；涓涓泉水，潺潺流淌，总不忘带给岸边甘甜与欢歌。享受"师生"情，奉献真诚心！让我们把握这份情，让心灵浸润在肥沃的土壤，开出绚烂的花朵；让我们紧守这份爱，让生命谱写圣洁的乐曲，唱出青春的赞歌。

在坎坷的人生道路上，是谁为我们点燃了一盏最明亮的灯；在荆棘的人生旅途中，是谁甘做引路人为我们指明前进的方向……是您，老师，把雨露洒遍大地，把幼苗辛勤哺育！无论记忆多么久远，每当想起老师，依然激情难耐；每当面对熟悉的老师，那一瞬间，那一件小事……总是激起我们对老师久蓄于心的感激……

3.《成长足迹》

这是发生在校园里的平凡而又感人至深的师生故事。因为爱，所以在教育的天空下，才会发生这么多感人的故事，这些也是对教育生命的审问、感怀和确认。这是一部写给老师的书，因为故事中蕴含着慈爱、和谐、人性的教育方式；这也是一部写给学生的书，因为故事中洒满老师们对学生的温暖、感动、爱意、执着、顽强与刚毅……

4.《悸动的心灵》

追忆往事并不是轻而易举的事情，在漫长的教育生涯中发现自己最难忘的某一个瞬间，其实也就像重新获得一种生存的意义一样美妙。这些教育故事也许并不是教育的解决之道，但却是对教育生命的审问、感怀和确认。也许我们更应该在教育中活出自己，也许我们既活在未来更活在无限的过去，在这些纷繁复杂却又素朴平凡的场景中，有最乐意的付出，有泪水和智慧，更有日日夜夜用心抒写因而温润无比的爱。

5.《春暖花开》

教育是一门科学，更是一门艺术。执著并献身于教育，不仅需要大步向前，也需要回头反思。回顾那一个又一个生动的教育实践，既是一个沉淀的过程，也是一个升华的过程。走进本书，这里全是暖暖的爱。

6.《孩子的微笑》

教育，润物无声，是一种智慧、一种境界、一种追求。教育的这种智慧，这种境界，这种追求，虽然无声无形，但却有踪迹可寻。在教育实践中，那一个个平凡却并不平淡的片段，或呈现出教师解决问题的教育智慧；或记录着教师走出困惑的教学经历；或展现出教师奉献爱心的热忱。

7.《故事里的教育智慧》

本书主要关注家庭教育、学校教育及社会教育中家长与孩子、教师与孩子、孩子与孩子之间的故事，它的特色是小故事蕴含大道理。其宗旨是讲述真实的教育故事，研究深切的教育问题，创生新锐的教育思想，激活精彩的教育行动。其风格是直面真实，创新为本和故事体裁。

8.《难忘的教育经典故事》

根据家长、教师和孩子的困惑，用各种形式的教育故事讲述一些很明白的道理，引导人用智慧的手段促进人的成长。这些故事或来自国外，或来自一线教学的实践，对于教育类人群均具有启发性。一个个使教师深思的小故事，一个个让学生向善的小故事，让我们教师真正领会生命教育的内涵。从现在开始关注生命的成长，关注人类的发展，关注社会的进步。

9.《中国教育名家印记》

在人类文明的进程中，数不清的教育大家，手擎着大旗，浓书着历史，描绘着蓝图，才有了今日教育的巨大进步。他们站在教育的殿堂里，发出的宏音，留下的足印，历史永远都不应该忘记，也不会忘记。

本书编者放眼中国教育进程，遴选出对教育产生重大影响的国内近百位教育名家，对其生平、教育思想、学术成果等进行介绍评说。

10.《外国教育名家小传》

在人类文明的进程中，数不清的教育大家，手擎着大旗，浓书着历史，描绘着蓝图，才有了今日教育的巨大进步。他们站在教育的殿堂里，发出的宏音，留下的足印，历史永远都不应该忘记，也不会忘记。

本书编者放眼人类教育进程，遴选出对教育产生重大影响的近百位世界教育名家，对其生平、教育思想、学术成果等进行介绍评说。

11.《随手写教育》

什么是良好的教育？教育是诗性的事业？性教育何去何从？是否应该把儿童世界还给儿童？假设陈景润晚生40年……本书汇聚了中国最佳教育随笔，对于和教育相关的各个方面问题都有所畅谈，对于教育者和被教育者来说都有所裨益。

12.《我心思教育》

本书涉及了教育学众多的重要领域和主题，包括教育的真义、教育的价值、教育与社会、教育与生活、课程与教学、道德教育、师生关系、教师的学习与成长等。它力图用感性的文字表达理性的思考，用诗意的语言描绘多彩的教育世界，以真挚的情感讴歌人类之爱，以满腔的热情高扬教育的理想与信念。

13.《教育新思维》

本书站在教育思想的前沿，以既解放思想又科学审慎的态度，兼用独特的视角，论述了近年的教育理论新说，涉及"教育呼唤'以人为本'""公民教育""素质教育新解读""教育公平与政府责任""创新人才培养""文化传承与创新""教育家办学"等热门话题。这些文章，不避偏，不畏难，遵循教育发展规律和中小学生身心发展规律，引领教育理念和教育实践，反思教育行为误区，无不闪烁着思想和智慧的光芒。对于渴望提升自身理论素养的教育工作者来说，这本书值得一读。

14.《名家名师谈教育》

本书使读者在学习和掌握教育理论的同时，领略到文章的理趣、情趣和文趣，既有助于深厚教师的文化底蕴，又有助于帮助广大教师确立对于教育的理想与信念；既有助于培养和激发广大实践工作者的理论兴趣，又能帮助教师生成教育的智慧和提升广大读者对于生活的热爱与柔情。

15.《世界眼光看教育》

本书荟萃了多位世界级教育思想巨擘的主要思想。从皮亚杰的发生认识论、维果茨基的文化—历史理论、布鲁纳的结构主义、加德纳的多元智能一直到诺丁斯的关怀教育思想等，现当代世界教育思想的发展脉络清晰、准确而完整。

本书既有思想评介，又有论著摘录，无论教育研究人员还是一线教育工作者，均可非常便捷而精准地从中获得思想大师们的生动启迪，加深对当代教育发展特质的深切理解，是教育、教研、教学工作者不可多得的必备工具书。

16.《大师眼中的教育》

这不是一本以教育专家的身份、眼光、学养来谈教育的书。本书各篇文章提供了许多新史实、新观点，为我国教育史和教育理论工作者长期以来对某些历史人物评价的思维定势提供了新的清醒剂。

17.《教育箴言》

名人名言是前人留给我们的精神财富和智慧结晶。阅读它，不仅能丰富知识，陶冶情操，更能为我们的人生之路指引方向。该书着重论述三方面的内容：教育——造福人类的千秋伟业；教师——人类灵魂工程师、育人的典范；师德——塑造教师灵魂的法宝。

18.《百家教育讲坛》

这是一本兼具思想性、可读性和经典价值的教育智慧读本。书中介绍了孔子、卢梭、爱因斯坦、康德、梁启超、杜威、蔡元培、叶圣陶等几十位古今中外思想家、科学家、教育家关于教育的精彩论述，集中回答了教育的本质、教学的艺术、知识之美、教师的职业生活、儿童的成长等问题。探幽析微，居高声远，让我们直窥教育本原之堂奥。归真返璞，正本清源，你会发现，教育，原来可以如此朴素而美好。

19.《名师真经》

本书从专家心理学研究出发，以新教师到专家教师这一成长过程为线索，剖析了教师在专业化发展中出现的主要问题与阶段性特征，动态性是展现了教师成长的内在原因与实质，并有针对性地提出了促进新教师成为专家教师的系列化教学理念、观点与方法，这有助于教育研究者与实践工作者深入理解教师专业发展的规律，有利于在观念层面上树立科学的教师人才观，以制定行之有效的教师培养方法与措施。

20.《师道尊严》

本书意在激励教师以站着的方式获得成功。全书讲述了站着成长的精神、站着成长的思想、站着成长的基础、站着成长的学问和站着成长的行动。全书力求字字诉说教师成长之心声，篇篇探寻教师优秀之根本，章章开启教师幸福之道路。

由于时间、经验的关系，本书在编写等方面，必定存在不足和错误之处，衷心希望各界读者、一线教师及教育界人士批评指正。

编者

C 目 录
ONTENTS

第一章

我为学生叫好

第一次掌声

◇颜逸卿

那是一个阳光灿烂的日子，我站在三尺讲台前上历史课。我绘声绘色、抑扬顿挫地讲述，学生们随我踏进了那遥远的古战场。

突然，门被推开。一声"报告"打断了我们的课堂。我望着这个年级里颇有点名气的后进生王强，恼怒的目光足足盯了他5秒，直到他把头低了下来，才继续讲课。一台好戏被一声不协调的声音搅了一下，我的心情也不那么晴朗了。直到大家做练习的时候我才找他算账。

"为什么迟到？"我声色俱厉。

"我……我回家拿练习本了。"

"练习本呢？"他开始上上下下摸口袋。

"丢了，对不对？"我冷笑一声。他的手停止了动作。

"你家离学校步行只要十分钟，而中午吃饭连休息有一个半小时，迟到又作何解释？"

"我……我后来又要大便，上了厕所。"

"你上几次厕所要这么久，拉肚子吗？"

全班人忍不住笑了起来。他的汗渗了出来，手抓起了头皮。我知道他又要开始编谎了。

我上上下下打量着他，蓬头垢面，满身尘土，一只脏手臂约有些红肿。

"说！和谁打架了？"我继续问。他的头抬了抬又低垂下来，不作声。

"为什么总喜欢打架？为什么改不了？"我怒吼起来，他仍不吱声。

"你只有老实讲清楚，在我这儿说谎和抵赖是没有用的！"我看他有点想哭的样子，口气稍稍缓和一些。

他的眼睛眨了好一会儿，终于说出了打架的经过。事情很简单，他走在路上，有个骑车人摔倒了，车子碰在他身上，他就拔出拳头。

下了课，我把他叫到了办公室。我苦口婆心、晓之以理，又令他写检查。这一套程序之后，我疲惫地斜在椅子上，苦恼地想起了一位教育家的名言：教育不是万能的。唉，这个王强能变好吗？

放学后，当我走出校门的时候，迎面被一位老婆婆拦住了。老人指着一本练习本上的名字，讲起了我怎么也没料到的事。

中午，她和老伴一前一后走在路上，她老伴被一辆斜穿而过的自行车撞倒在地，那人见路上人少，就准备逃跑，被后面一个学生看到了，赶紧追了上去，然后又打电话叫来了救护车，帮着把受伤的老人送到了医院。她问那学生是哪个学校的、叫什么名字，学生不肯说，是地上的一本练习本让她找到这儿的。我的心开始不平静了。

次日一早，我在校门口等到王强。"做了好事，为什么要隐瞒，还撒谎呢？"

他愣了好一会，才喃喃地说："我就是讲了，你和同学们也不会相信我的。我在大家眼里一直是个'坏'学生，我讲做了坏事你们才会相信呢！"

听了他的这番话，我足足愣了五六分钟，各种滋味涌上心头。随后，我牵着他的手，进了教室。面对全班学生，我第一次表扬了王强。

雷鸣般的掌声响了起来。王强的脸涨得通红，而我的双眼早已湿润。

20年后，我在一次聚会上见到功成名就的王强时，他动情而深沉地说："当我以后获得无数掌声的时候，我的耳边总会响起那属于我的第一次掌声。"

给学生洗脚

◇舒仕明

王东海是大学中文系的一名教授,他别出心裁的教学方法常常令人费解,也因此惹来不少争议。王教授对这些闲言碎语从来都不予理会,因为他与众不同的教学方法确实能收到出奇制胜的效果,同时也深受学生的欢迎。

又是一年中文系的学生们毕业了。这天是王教授给他们上的最后两节课。只见王教授走上讲台,对大家说:"同学们,这是我四年来给你们上的最后两节课了,我要给你们留下终身难忘的印象。现在,请大家去东边的小操场,我给你们上课。"

学生们好奇地来到东边的小操场,只见操场上并排摆放着一盆盆清水,大家都以为王教授要做什么试验。可王教授却对他们说:"同学们,你们马上就要离开学校走入社会了,今天就让老师来为你们上一次特殊的课——洗脚,所谓'千里之行,始于足下',老师希望你们能以全新的姿态踏入社会,开始美好的人生。也请你们永远记住老师,记住这次最深远的祝福……"

同学们面面相觑,都为王教授精心设置的这特殊的一课而惊讶、新奇、感动和有些不知所措。开始,谁也不愿意让尊敬的恩师为自己洗脚,觉得这样很难堪。毕竟,老师是长者,应该学生为老师洗脚才说得过去。可在王教授的坚持和说服下,学生们只得坐下来,让王教授给他们洗脚,了却老师的心愿。

看着才华横溢、文采飞扬的恩师低着头，那么认真地为自己的学生洗脚；看着老师花白的头发，岁月的斑纹、平和的微笑，同学们一个个泪流满面……王教授每为一个学生洗脚时，都会边洗边和学生谈话，送上自己美好的祝愿，学生们感动不已。

慢慢地，三十多个学生都洗完了。可王教授却说："还有一个同学没洗。"大家都很吃惊：这王教授洗脚的时候还一直数着人数。结果一查，果真有一个人没洗，她就是班花刘春梅，不知什么时候悄悄溜走了。王教授是个非常认真的人，不想让任何一个同学落下这么重要的一课，于是他叫人去把刘春梅找来。

刘春梅被找来了，可她却不愿意脱下鞋袜让王教授洗脚。大家都以为她是觉得老师给自己洗脚不妥。后来，在大家的反复劝说下，刘春梅才羞红着脸脱下鞋子，然后犹豫着脱下袜子。就在这时，大家看见：刘春梅洁白如藕的右脚指头少了一根。难怪她不愿意在大家面前洗脚，原来她的漂亮和近乎完美中有着如此的缺陷。

王教授平静而一声不响地为刘春梅洗完脚，然后在众人的目光中脱下自己的鞋袜，大家惊讶地看到：王教授的左脚竟然缺了三根指头。王教授告诉学生们："这是我那年当知青下乡时被农田里的利器划伤所致，由于当时的医疗条件差，没有及时医治，所以化脓感染，三根脚指头废掉了。"大家都唏嘘不已，没想到事业有成、令人羡慕的王教授还有着如此痛苦的经历。

在做课后总结时，王教授说："今天给你们上这堂特殊的课，首先是要你们知道，无论身处什么位置，都要拿得起又放得下，不要总是高高在上、好高骛远，要敢于从最平凡的事做起；其次是做什么事情都要认真，做到心中有数，切莫放过细枝末节；最后是什么事情都不是尽善尽美的，人生也一

样，总是存在着这样那样的遗憾和缺陷，这都很正常，只要你努力，丝毫不会阻止你走向成功。"

王教授的话音刚落，同学们便掌声如雷，纷纷说道："我们一辈子也不会忘记老师这次特殊的课，一定会带着老师的总结和叮嘱迈入社会这所大课堂……"

赵小东的"失误"

◇史　峰

　　班里分下了一个"两免一补"的名额。这让我很为难——这笔国家拨给学生的助学善款应该给谁呢？是赵小东还是刘成伟？

　　赵小东的爸爸早逝，妈妈改嫁。赵小东跟着年迈的爷爷一起生活，家里的拮据可想而知。我去过赵小东的家，用"家徒四壁"来形容一点也不过分。赵小东生活在赤贫中，赤贫几乎让他无法再继续上学了。

　　刘成伟的爸爸妈妈都是残疾人。爸爸双目失明，妈妈是智力障碍者。这个家庭没有支柱，如果有也只能是刘成伟。刘成伟是穷人孩子早当家，小小年纪，什么活都得做，都会做。无论是谁说起刘成伟，都会感到心酸又心怜。

　　只有一个"两免一补"，太少了。我去向校长争取另一个名额，校长很为难地说："没办法，就这么多，至于给谁你掂量吧。"

　　我不能让校长为难，只好自己为难自己——给赵小东，还是刘成伟？

　　想着想着，私心就来了——赵小东是我远房的亲戚，这钱还是补贴给赵小东算了，反正他也有这个资格。

　　我偷偷找到赵小东，把申请表交给他，让他带回家去填完再捎回来。我特别叮嘱赵小东说："身份证号码一定填你爷爷的，要填准。另外，这事只有你自己知道就行了，别让刘成伟知道了。"我怕这事让刘成伟知道了，刘成伟会失落，会伤心。

　　两个月后，我通知赵小东带着"一卡通"和我一起去镇里的信用社取"两

免一补"。

赵小东说："老师，带上刘成伟好吗？"

我一愣，问赵小东："带上刘成伟做什么，不是说不让他知道这事吗？"

赵小东吱唔了一声，并没有再说什么，与我一起去镇里。

在信用社，赵小东把"一卡通"递进柜台。里面的服务员接了卡，打了半天说："这卡不对，无法支付。"

我问："怎么了？"

服务员说："身份证号码与人名不符，钱没打过来。"

我看了看赵小东，有些疑惑地说："不会吧！"

赵小东低了头，小声说："老师，是不相符，申请表上是我爷爷的名字，但身份证号码却是刘成伟他爸爸的。"

我大吃一惊："赵小东，你这是做什么呢！"

赵小东说："老师，刘成伟他家里也穷，我是想把这钱让给他的，不然刘成伟就无法上学了。"说着，赵小东竟然大声哭起来："没想——到——这——这么一弄，钱——钱就取不出来了，没了这些钱，刘成伟可怎么办……"

我立即明白了赵小东的用意——多么善良的孩子呀！

我一把拉过赵小东，抚摸着他的头安慰说："好孩子，别哭。你自己家里这么困难，还能想到更困难的刘成伟，真是难得。这钱丢不了的，咱回学校开证明，然后再来取，取了就送到刘成伟家去，好吗？"

"真的丢不了？"赵小东一听钱丢不了，止了哭，大声问。

"丢是丢不了，但重新领取的手续会复杂一些，你们快回去办理吧。"柜台里的服务员也肯定地答复。

这下赵小东乐了，他拉起我的手说："老师，咱快回去，快回去带着刘

成伟一起来吧。"

我说:"好的。"

走出信用社的门,阳光照在身上,很温暖很温暖的感觉。赵小东脸上的泪痕和他那纯真可爱的眼神再一次让我感动:贫困可以将孩子的生活压倒,但无法改变一颗纯真善美的心。

与孩子相比,我的心灵已经蒙尘。

我暗下决心:刘成伟由国家来资助,赵小东由我来资助!

苹果引发的谣言

◇田冰冰　张德军

（一）

"不好啦——姜琦程在水果桶里撒尿了。"张东冲进办公室嚷道："半桶苹果都要丢掉,已经没有人愿意吃今天的苹果了! 不信你去问吗!"与此同时,另一位同学高举着一个苹果进门说："老师,你的!"

我既惊讶又愤怒,急忙站起身,接过苹果,径直走进班级。"姜琦程,苹果桶是怎么回事?"

"洗苹果的时候,一个苹果掉在了地上,我捡起来洗干净,放回了水果桶里。"

生活老师也愤然地说："姜琦程已经给他们解释了,他们硬是不信。"

"谣言惑众!"我愤怒地低吼了一声,不再追问其他任何人,拿起我的苹果。班里很快安静了下来。我当众吃了两大口苹果,望着孩子们,目光坚定地说："我相信他,你们呢?"

孩子们纷纷附和,陆续拿起苹果吃了起来。

（二）

不多一会儿,午会时间到了。

我走进班级,平静地说："我刚才接到学校电话,焦亿伦周日到校后和

前门保安大吵大闹，还骂了保安叔叔。"顿时有同学大惊失色，目光不约而同地投向了焦亿伦，仿佛在说："你可是班里最善良、最温和的同学啊！"片刻，有同学反应过来了，大声说："不可能，他怎么会无理取闹呢？"

"是啊——"

"是不是搞错了——"班里一片意见声。

我并不理会，继续发布消息："电话中还说，唐采昕在小操场玩体育器械，撞伤了小朋友，而且没有道歉。"

"这不可能！"

……

"对，更不可能！唐采昕无论如何，也不会这样做。她一直是我的榜样。"

"我很欣慰，大家遇到匪夷所思的消息后，学会开动脑筋来判断事情的合理性和真实性了。"班里鸦雀无声，我顿了顿，说："那姜琦程洗苹果的事情呢？"

有的小朋友不好意思地低下了头，有的小朋友吐了吐舌头，脸一下子红了，可谁都没有说话。

"谁来说说你对姜琦程的印象？"

同学们陆续站起身来，述说着对姜琦程热情、善良、乐于助人的欣赏。

我微笑地望着姜琦程——这个差点被谣言淹没的憨厚男孩，面向大家深情地说："姜琦程是个多好的孩子啊，大家在休息玩耍，他主动帮老师洗水果。他是老师最得力的助手，也是你们最值得信任的朋友啊！"

所有人的目光再次聚集在姜琦程这里，他似乎有些拘谨。我用期待的眼神看着他，大家也注视着他。他终于鼓起勇气站了起来，轻声说："我以后还给大家洗水果。"

教室里响起了热烈而持久的掌声，大家似乎在用掌声表达着歉意。

半盆水的深情

◇**顾连梅**

本学期我接手了五班的语文课。先前已经有不少消息说五班全是女生，喜欢打扮，上课秩序极不理想。想到又要接手"吵班"，我心中颇有几分不安，反复思考，也没想出什么高招，只好边教边琢磨。

第一次跨进五班教室，感觉该班气氛异常"生动"，阳光下几面小镜子熠熠闪烁，小姑娘们正在美美地对镜"巧笑倩兮，美目盼兮"呢。我微微一笑，发话了："豆蔻年华的女孩应该爱美，爱美是自我意识的觉醒，也是自我尊严的需求。爱美之心应得到理解和尊重。"学生还没回过神来，我又说："你们都有小镜子吗？"这回她们明白了，齐喊："有！""哦，说明你们都爱美，注重自我形象！"

这下，学生纳闷了："老师，你不反对我们照镜子啊？""当然！"我毫不迟疑地回答。学生惊讶得忘记了照镜子。于是，我开始说道："不过，我不赞同你们上课照镜子。"顿了顿，继续教育："我觉得，任何人都应该明白，在合适的时候做合适的事情。在该读书的时候读书，在该打扮的年纪打扮，在该恋爱的时候恋爱。你们以为如何？"有学生大胆发问："那我们现在该恋爱吗？"我接招："哦，你们多大了？18岁？18岁的年龄当然会憧憬爱情，如果有那么一点点心动很正常。"学生安静了，瞪眼望着我。我清了清嗓子道："但是，你们是否应该恋爱呢？你们认为现在这个美丽短暂的花季，最该做什么呢？"学生窃窃私语，似乎在等我的下文。

我继续道："恋爱是很自然的事，人人皆能，大可不必着急。如果你们想找一个理想的恋人，那么就等你自己成为理想的自我以后再谈。如果，你只是寂寞，只是为了一时的拥有，那么似乎现在就可以尝试。但是，别忘了老师的话，在合适的时候做合适的事。"

学生暂时被我"镇住"了。我顺利地上课，并把刚才讲的内容融进"写作真情实感"的写作指导中。

接下来，五班上课时好时吵。她们似乎很喜欢笑，只要一点风吹草动，就会笑个不停，而且笑声极其"爽朗"，丝毫不顾及老师的情绪。学生艳玲更是开口笑在先，话在后，她一笑，好几个人跟着"咯咯"笑。

我决定迂回曲折地与她们沟通："你们似乎很天真啊，一点也不会掩饰自己的情绪，真可谓'想唱就唱，想笑就笑'！"她们开心了："是！我们最真实！"我回道："你们不掩饰、不做作，当然难得。而且我还知道你们很善良。""噢？我们善良？因为爱笑吗？""当然不是。是因为这个。"我用手指指了一下讲桌上的半盆清水。

学生诧异了。我缓缓道来："我们办公室没有装水龙头，每次上完课，都得走很远的路去洗手。可是，你们很心细，将一盆清水放在了讲桌上，让老师洗手。这样做不是很善良吗？很多学生会在教师节向老师表达感恩之情。而你们每一天都想到了，多难得呀！我要真诚地谢谢你们！"伶牙俐齿的学生半晌没吱声，也没发笑。我乘胜追击："既然你们那么尊重、体贴老师，为什么不站在老师的角度思考一些问题。比如，在课堂上过于随意地发笑，合适吗？比如……"学生还是没说什么，但我知道，我们的关系在这节课发生了质变。

后来上课，那个蓝色的塑料盆总显眼地放在讲桌上，盆中的清水干净清

澈。五班学生水换得很勤，我几乎没见水脏过。每当我踏进教室，学生时常会注视那盆水，好像希望我注意到它。因为，她们很可能刚利用课间短暂的时间换过水。我好几次都想叫她们不要再辛苦打水了，但我不知如何说。

学校组织演讲赛，语文成绩并不出色的五班一下子报了 5 个人参赛。早读时，班级被扣分，她们会跟学生干部争论。她们其实很有集体荣誉感，也很上进。只是，她们过于张扬的嬉笑吵闹，让人忽略了她们的善良和进取之心，简单地把五班视为"吵班"，在心里与她们拉开了距离。

如果没有那半盆日日常新的清水，我能懂得她们的善良，懂得她们对老师深埋于心的感恩吗？

微　笑

◇李　强

周五上课后，我走进教室，副班长李娜娜站起来说："老师，张玉新买的成语词典不见了。"其他丢失资料的同学也纷纷接上话茬："老师，资料没了，怎么学习呀？""老师，我的《阅读短文100篇》是我爸托人从外地带回的……"

班干部曾向我反映过同学的学习资料丢了，还说大家怀疑是刚转来的任大为拿的。

我放下课本，扫视了一下全班，沉默着。怎么办？不闻不问，等于放纵孩子；如不慎伤害了孩子，更不好。我一筹莫展。学习委员王丽也许看出了我的难处，"老师，大家把抽屉里的书拿出来，让丢失资料的同学查看一下，不就行了。"我心想：这行吗？如果当着大家从某位同学抽屉里找到丢失的书，会不会对这位同学造成心理伤害呢？我正犹豫不决，同学们纷纷把书从抽屉里拿了出来。

班长带着丢资料的同学逐人查看。这时，任大为的组长报告说："老师，任大为锁紧抽屉不把自己的书拿出来。"目光一下子都集中到任大为身上，他低着头坐在那里。一个心急的同学喊："老师，我们帮他撬吧，自己的书，还怕看？"我知道他们怀疑任大为，便说："同学们，任大为有权不让我们看，我们尊重他好吗？"几个同学不依不饶地说："自己的东西还怕看吗？"此时，泪水从任大为眼眶里涌出。我示意同学们坐好后走过去，他求助地看着我。

我轻轻地说："大为，老师相信你，你可以不用打开。"

下课后，同学们到操场做课间操，任大为说："老师，我可以打开抽屉让你看。""不用了，老师相信你！""不，老师，我一定让你看，我抽屉里真的没有别人的书！"他打开抽屉，小小抽屉成了"百宝箱"。九个矿泉水瓶子，六个易拉罐和一个玻璃瓶，加上他的几本书，满满一抽屉。难怪……我轻轻地说："家里经济紧，拣点废品换点钱，补贴家用，你真是一个懂事的孩子，大家误解你了，我代表大家向你道歉！"

"老师，我不是为了自己换钱。""那是？""这是一个秘密。"这时，娜娜走进来："老师，张玉的词典被她妹妹拿走了。"同学们陆续走进来，看见任大为课桌上的废品，都很吃惊。我把那十六个瓶子放到讲桌上，和任大为走出教室，"老师，门口捡废品的老婆婆眼睛陕看不见东西了。那天，她对捡废品的同伴说，想攒些钱治眼睛，我捡的废品，是送给她的。她眼睛不好，袋子常空空的。那天，我随手捡起一个矿泉水瓶子给她，她的眼睛几乎看不见了，但她的微笑让我终生难忘。我想帮她攒治眼睛的钱。"我的眼睛湿润了，多好的孩子啊！

上课后，我拿着那十六个瓶子，感觉沉甸甸的。"同学们，知道这是什么吗？"有人小声嘀咕道："不就几个空瓶子、易拉罐吗？""一堆破烂，有什么值得大惊小怪的。""同学们，任大为同学的抽屉里藏着十六个微笑啊！"得知情况后，多数同学的眼睛里噙满泪水。

班长王娟提议说："为了帮那位婆婆，从今天起，我们都来帮她捡废品，让每一个抽屉里都藏着微笑！"

那天，我在学校门口等人，我们班的学生陆续走进校园，有的手里拿着空矿泉水瓶子或易拉罐，调皮地冲我喊："三个微笑！"有的拍着书包："六个微笑！"

打勾勾

◇ **文 珍**

小敏是我所任班级中最瘦小的一个学生，但她有一双大眼睛，清澈如水，当我凝视那双明眸时，总觉得它会说话。她是一个可怜的孩子。父亲不务正业，母亲又体弱多病，家里还有一个年幼的弟弟，一家人的生活状况可想而知。家庭的贫困并没把这孩子打倒，相反，她显得十分懂事。

一天放学后，我正埋头批改作业，偶然一抬头却发现她不知什么时候已悄悄地站在我身旁，只是不敢说话。

"小敏，你找老师有事吗？"我亲切地问道。

"老师，您能答应我一个要求吗？"她怯生生地说。

"什么事，你说吧！"

她沉默了片刻，嗫嚅地说："那您能不能不问为什么，并且一定要答应，好吗？"

"说吧，只要是合理的，老师准答应。"我爽快地回答。

"您能让我天天值日吗？"

"什么？"我条件反射般地问道，还以为自己听错了……

"让我天天值日！"她回答得很肯定。

一个孩子主动要求天天值日，这实在令人费解。我本想继续追问，但看到她那双机灵的眼睛，似乎饱含着哀求，又有言在先，我也就不好意思再问了，我想：暂时答应她吧！过几天再探个究竟，这孩子肯定有心事。

几天后的一个黄昏，校园里静悄悄的。我收拾完东西正准备回家，当我走下楼梯，刚想到教室里看看孩子们是否关好门窗时，突然从教室里传来一阵悦耳的歌声。声音虽小，可在寂静的校园里却显得那么清晰。这么晚了，哪个学生还没回家呢？会是她吗？我循着歌声一路走去。在我们班级的走廊上，透过那擦得明亮的玻璃，我发现小敏一边哼着小曲，一边蹲在地上忙着什么。定睛一看，只见她正把碎纸从篓里挑出来放到另一只纸篓里，然后把里面的几根铅笔头小心翼翼地放在一旁，还不时从中挑出一些纸张，轻轻地放在桌上，用手将它们一一抹平，折好……

啊！原来如此！怪不得平时总见她用铅笔头写字，作业纸有时也是皱巴巴的。

"小敏，你怎么还没回去，在忙什么呢？"我走进去故意问道。

我的突然出现出乎她的意料，只见她惊慌失措地把小手放在后面，吱唔着："我……我……"显然，她还没为自己编好一个"美丽的谎言"。

"是不是弟弟要学写字了？"我微笑着问道。其实那孩子刚刚在学走路，站都站不稳，家访时我是见过的。

"是！嗯……我怕……嗯……怕他拿我的本子乱画，就想在学校里捡些纸和笔给他。"小家伙红着脸。

"呀，小敏真厉害，懂得教弟弟写字，是个小老师了，以后准能当个好老师！"我笑着夸奖道。

"谢谢老师，我一定努力！"小家伙腼腆地说，语气中充满了自信。

"这就是你要求天天值日的原因吗？"

"算是吧！"她害羞地低下了头。我牵起她的小手，来到办公室，从抽屉里拿出几支完好的铅笔和几本没用过的笔记本对她说："老师把这些纸和

笔奖励给你。"

"为什么要奖励给我呢？"小敏惊讶地问。

"首先，你能当小老师了，老师支持你；其次，这几天你认真值日，我代表全班同学感谢你；至于第三个理由，老师暂时保密，你能不能像上次要求老师一样，不问为什么，并且一定要答应，好吗？"

"好，谢谢老师！"她开心地笑了，露出了两个甜甜的小酒窝，双手收下奖品后，开心地跑了。

我站在阳台上，见她背着一个灰色的旧书包，像一只快活的小鸟在操场上飞翔，落日的余晖从山的那头，斜斜地照了过来，照在她那瘦小的身躯上，一个长长的身影在阳光中跳动着，像一个美丽的音符。忽然，这个"音符"扭过头来，见我还在看她，便站住了，高兴地喊道："老师，您还让我天天值日吗？"声音很响，在操场上留下阵阵回音。

我朝她点了点头。

她又朝我举起了小手，小指头弯弯地伸着，我知道她要和我拉勾。我也举起了弯弯的小指头，那一刻，我俩都笑了。

一个自信、自尊，懂得自立、自强的孩子是值得尊重的，这是我奖励她的第三个理由。

坑

◇佚 名

那年我上小学四年级，劳动课时李老师带着我们到学校的后山捡柴。我和三名同学跑向后山顶，边跑边捡。在一棵大树旁，我发现了一堆干枯的小树枝，急忙奔过去。跑着跑着，我脚下一滑，跌进一个深深的坑里。坑太深，三名同学吓得大呼小叫，想尽办法也没能把我拉上来。

同学喊来了李老师。李老师站在坑边上，盯了我许久，才沉着脸坚决地说："跌进坑里，别急着向上看！我们不会拉你上来！"全班同学面面相觑，都没敢吱声。

"老师，老师，我上不去！"我在坑里急得大叫。

"在里面待着吧，我们走！"李老师像陌生人一样扔给我一句话，带着同学们走了。

我一屁股瘫坐在坑里，嘴一张，哇哇地一边大哭，一边生气地在坑里打滚，滚着滚着无意间我看见一道亮光。擦干眼泪，我坐起来向亮光处爬去。透出亮光的地方有一个洞，我钻了进去，越钻越亮，不一会儿到了山坡上，我一挺身跳了出来。

李老师和同学们都站在山坡上，随着我的出现，山坡上响起了真诚而热烈的掌声，经久不息。李老师猛地抱起我在原地转了两圈儿。我所有的不快一扫而光，不解地问："老师，你怎么知道坑里有洞能出来？""老师在上面就看见光了。""老师想让你自己出来。"没等老师开口，同学们争着抢着告

诉我。

李老师蹲在我面前，伸出宽大的手掌拍掉我身上的尘土，将食指竖到嘴边，示意我们安静。然后，他走到高处一字一句地说："孩子们，记住，跌进坑里，别急着向上看，一心寻求别人的帮助常常会使人看不见自己脚下最方便的路。"

"爱"的承诺

◇慧　子

那年夏天，作为师大中文系优秀毕业生的我，留在附属中学做了一名高一语文教师。

其实从第一天上课我就看出来，王啸根本没把我这个比他大不了多少的小老师放在眼里。整整一节课，他眼睛一会儿看天花板，一会儿向身旁的女生抛媚眼，要不就是在我讲课的关键处突然来个"现场发问"，搞得我精疲力尽。若不是实习期间培养出的良好耐性，我真想找校长打退堂鼓了。

冥思苦想了大半夜，凭我的了解，我觉得这孩子还没到冥顽不化、死不悔改的程度。王啸这孩子长得五大三粗，体育是他的特长，我想，只要方法对头，他这块"朽木"还是可雕的。

第二天，我找到体育老师，把打算让王啸做体育委员的事说了说。刚说完，体育老师的头就摇得像拨浪鼓："让他当体育委员，同学们还不炸了营呀。"不过经过做工作，王啸最后还是当上了体育委员。任职以后，他果然改变了不少，最起码不在课上捣乱了。

接下来我就把主要精力用在讲课上，要让这帮自命不凡的孩子心服口服，只有在教学上高人一筹才行。两个多月后的期中考试，我班的语文成绩名列榜首。我终于从学生们的目光中读到了敬佩和信任，尤其是王啸，他亮亮的眼睛里不再是玩世不恭，而是写满了热情，像两簇燃烧的火焰。

一天，下晚自习，别的学生都走光了，王啸依然在磨磨蹭蹭。我招呼他

快回宿舍，他的脸一下子红了，低下头，不敢正视我的眼睛。我正要询问发生了什么事，他匆忙塞给我一封信，慌慌张张地下楼而逃。

撕开他的信，我大吃一惊，万万没有想到，这竟是一封求爱信，一封男学生写给女老师的求爱信！这么个半大孩子竟然有这份心思，简直是不可思议！

冷静下来之后，我苦苦思索着应对的良策。如果简单地拒绝他，以他的自尊，绝对会破罐破摔沉沦下去。这件事令我辗转反侧了三个晚上。

这三天对王啸来说也不好过，他看我的目光总是躲躲闪闪，上课经常走神。不能再拖下去了，我下定决心，违心地给他回了一封短函：只要你能考上体育学院，老师答应你。

我知道他的文化底子很薄，但考体育学院倒是挺有希望。果然，接到我的回音后，他玩命般将汗水倾洒在训练场上，功课也如拔节的竹子，步步高升。

从此，我们谁也没再提这件事。三年的时光燕翼般划过。之后我调往了另一座城市。在新的学校，我接到了王啸的长途电话，电话中的声音如跳跃的音符一样快乐："我考上了，我考上了！你说的话还算数吗？"我心里掠过一阵愧疚："傻孩子，那本是一个激励你奋进的谎言啊，你怎么当真了？"

后来，我接到王啸从体育学院寄来的一封信，信中写有这样一段话：王老师，感谢你的那一句谎言，如果没有那句话，就不会有今天的我。在我心中，你始终是我最尊敬的老师。

外教的最后一课

我在北京大学读博士的时候，有幸认识了来自美国的帕垂特教授。他给我们上英语课，每次进教室他都笑嘻嘻地拖着个带轱辘的旅行箱，那里面装着我们课堂需要的教材和我们交上的作业。在帕垂特教授带给我们的教材中，有一本他专门为我们编写的教材，我们称它为"黄皮书"。

作为博士生，学校规定：如果公共英语考试不及格，就将失去获得博士学位的资格。所以，在这门课的最后一次课前，大家心里都暗暗祈祷：尊敬的帕垂特教授，我们这些人都不容易啊，您可别太较真。那天，帕垂特教授仍然像往常一样，笑嘻嘻地跨进教室，从信封里掏出一沓照片。那是五一节时我们一同郊游时的合影，他给我们每个人发了一张。发完照片，他问我们："这是什么？"

我们实在搞不清楚这个美国佬儿葫芦里卖的是什么药。大家一边有气无力地回答说是照片，一边盼着他快点来点"实惠的"。可是他却眨着绿眼睛说："这是'爱'！"帕垂特教授接着说："我们很快就要分别了，也许再也没机会见面了。但是，请记住我是爱你们的！"被他这么一说，我们也不禁鼻子发酸。

最后还是皮特打破了寂静："帕垂特先生，我们也爱你，但还是快给我们讲讲考试吧。"大家不禁激动起来。教授却意味深长地说："你们现在要做的就是，相信自己并且认真学习课本上的最后一课。"

我们迫不及待地翻开了"黄皮书"，原来在课文后面还有一篇名为《关

于诚实》的真正最后一课。内容是这样的——

为什么要考试?

1. 测试你对某门课的掌握程度;

2. 测试你的学习技巧和记忆力;

3. 评估老师的教学质量;

4. 最重要的是,测试你是否诚实。

什么是"诚实"?

人类社会正常和必要的道德原则,正直,诚信,实在。

与诚实有关的故事和谚语:

1. 狼来了;

2. 人无诚信,好景不长;

3. 来路不明的财宝一文不值;

4. 诚实最明智,老实人不吃亏;

5. 如果我耍花招,人们便不再信任我,我再也享受不到诚实的快乐。

在这次考试中,你可以用以下方式来表现你的正直,证明你的诚实:

1. 即使没有老师监考,你也知道怎么做才合适;

2. 会多少答多少;

3. 不要作弊。

听说作弊在中国是一种普遍现象,打死我也不信! 因为,一个作弊的民族怎么可能进步和强大呢!

考试作弊的行为包括:

1. 偷看别人的试卷;

2. 问别人怎么答题;

3. 看事先写好的小纸条。

你作弊的时候，你就失去了老师对你的信任——本来我是信任你、爱你的呀！

假如你作弊了：

1. 你伤害了老师，给师生关系蒙上了阴影；

2. 你的良心就有罪了；

3. 你改变了你在人们心目中的形象。

作弊的后果：

1. 没收并撕毁试卷，打零分；

2. 你丢脸，我们丢脸，大家都无地自容。

不过——

即使你真的作弊了，我们也不会那么做，我们会装作没看见，眼睛故意向别处看。因为，生活本身对你的惩罚要严厉得多。

孩子，你的信誉价值连城，你怎么舍得用一点点考试就把它出卖？作弊的代价太高了，实在划不来！

考试时帕垂特教授出现在考场，他还是笑眯眯的。但还是有人作弊了。帕垂特教授果然像书里说的那样，将眼睛转向了另一边……

老外也许不了解我们的国情：人口那么多，就业形势那么严峻，拿个文凭并没有那么不容易……可认真想一想，难道这一切就可以成为我们放弃一些人类基本美德的理由吗？诚如老外所说：一个作弊的民族怎么可能进步和伟大呢！

三张罚单

◇过　群

一个人在马路上开车兜风，经过交通监控摄像头时，他留意到机器闪了一下。这让他大吃一惊，他一直在控制着速度，竟然还会被抓超速？他掉转车头，以更慢的速度开过摄像头，机器又一次闪光了。他简直不敢相信自己的眼睛，这难道会是真的吗？不行，一定要彻底确认一下。他又一次掉转车头，眼睛盯着速度指示表，以蜗牛一般的速度，"爬"过摄像头。情况照旧，摄像头毫不迟疑地对着他闪动了快门。一定是机器出问题了，想到这里，他放弃确认，开车回家了。

4周后，他接到3张交通罚款通知，3次罚款的原因一模一样：驾驶时，未系安全带。

看完这个故事，除了让你捧腹外，还留下些什么思考呢？原因要说清楚！目标指向要明确！就像这个故事中提到的：司机在搞不清楚状况的基础上，被连开了3张罚单。可以说一开始司机连错在哪里都不知道，还以为是仪器出了问题。如果这是一个带语音的摄像头，情况就会不一样了。当司机第一遍开过摄像头时，它在闪光的同时，会用人性化的语言提示说："请您注意系好安全带！"这样，司机马上就会明白过来，不至于接二连三地去违规了。

这个司机的遭遇其实就像我们的学生一样，有的时候被老师叫到办公室去还丈二和尚摸不着头脑。这就需要我们给出提示，同样的错误，也许他们

就不会犯第二次了。

这又让我想起了一件事：有一次，学生排队来音乐教室上课。我在教室门口远远看到，在路上走的时候，一个男孩子不好好走路，他飞快地越过队伍跑向音乐教室。我看了，很生气！于是向他做了个手势，示意他回队伍。可是他领会错了我的意思，以更快的速度向我飞奔而来……我一把把他拎到旁边，让他好好想一想：错在哪里？可是到了下课，他还是没有认识到自己的错误，在这里，我是不是也像那个摄像机一样呢？

还有一回，在音乐课上，我让学生朗读一首歌的歌词。他们大声地读了一遍（题目没读），我叫他们重来。他们以为是声音太大了，老师不满意，就压低了嗓门读了一遍（题目还是没读）。我有点生气了，让他们再来一遍。他们认为可能是感情不够投入，就深情并茂地又读了一遍（但是题目还是没有读）。我终于忍不住了，大吼一声："怎么不读题目啊……"他们一下子怔住了。一个小女孩怯生生地说："老师，我们没想到……"其实，我完全可以在学生读第二遍时，就提醒大家注意这个问题了，这样一来，既节省了时间，又能让学生有目的地去改正学习中的错误，我们教师又何乐而不为呢？

亲吻·寻找

◇邵玲燕

作为爸爸妈妈你肯定亲吻过自己的孩子，每天寻找孩子的可爱之处。那么，作为老师，在你的教学生涯中，你有亲吻过学生的额头，每天寻找学生的可爱之处作为赏识、激励孩子的行为吗？

——题记

亲　吻

当了两年的低段语文老师和班主任，我彻底把嗓子玩完了！我该怎么办？哭也哭过，药也吃过，咋就不见一点好转。诗人说，你错过了太阳，就别再错过月亮。是啊，不想下岗，总得给自己想个招。

新接一年级时，我为自己少说话保护嗓子想了几招，效果还真不错。学生上学的第一天，我就神秘兮兮地对孩子说："孩子们，我们来个约定。如果邵老师摸你头，是夸你很会开动脑筋，拍你肩膀是夸你课堂表现好，竖起大拇指表示你发言棒，还有扫地积极等其他优秀的行为。如果你做了别的同学无法完成的事，你会得到老师最高的奖赏——亲吻额头。"哇，学生嘴巴张大，笑脸通红，作为中国的孩子，可能除爸妈外没有得到过别人的亲吻。我用食指放到嘴唇，嘘了一声，教室里安静极了。我轻声地说："这是我们班的秘密，不能让其他班级同学知道，只有爸妈知道。这是我们的约定，伸出手指跟老师拉钩盖章。"孩子们很正经地伸出手跟我拉钩盖章，那场面够

庄严。可能正在想看谁能得到老师的亲吻呢。

开学一星期了，单老师经过我们班级门口，看没有老师在教室而孩子们却安静地等待老师来上课，她非常惊讶，到了办公室直夸奖，她说："邵老师啊，我们孩子上课铃响了还吵吵闹闹的，你有什么绝招，快传授。"我说这是秘密，不告诉你。我想，到目前为止，其他班级也没人知道这个约定，因为孩子们有时挺讲义气的。在后来学习过程中，班级里出现的各种第一越来越多，因为那能得到我的最高奖赏——亲吻额头。第一次亲吻孩子的仪式搞得非常隆重，做足了文章。记得是第一次教古诗，没教几遍，就有个孩子举手说会背了。于是我请他到讲台前背。当他响亮熟练地背完后，教室里响起掌声，我在全班同学面前亲吻了他的额头，还送上了一句赞美的话。当时我是这么说的："孩子，你给老师带来惊喜，让我觉得今天特幸福，我为有你这么能干的孩子而骄傲。"在同学羡慕的眼光中孩子幸福地回到座位。后来，第一个会背整篇《三字经》，第一篇日记写得棒，还有很多很多……我也因有这招，使自己的嗓子，稍稍得到缓解。

寻　找

对于七八岁的孩子来说，任何新鲜事物都不能长久保鲜。新学期这两天，我又尝试了另一个激励机制——每天都在寻找，可爱的孩子在哪里？告诉孩子们，老师每天都会用眼睛、用心寻找每个孩子一天在校可爱的表现。时间定在放学前的 5 分钟内或晨间谈话期间。

实施第二天，我看手表，放学的时间快到了，便让在看课外书的孩子们停下来。我脸带微笑地说："可爱的孩子在哪里？"学生坐得端端正正，眼睛睁得大大的。"今天，我发现了我们班不少可爱的孩子。你们猜是谁呢？家腾、俊华上课铃声一响就坐得笔直等老师来上课，真可爱。昨晚认真看课

外书的孩子悠扬等同学真可爱，童话故事最爱跟这些小朋友交朋友了。第三节课在老师不在教室的情况下，全班同学认真读《金色的小船》这本书，你们都是可爱的人。"顿时，教室里笑意浓浓。每个孩子都带着幸福的微笑背上书包排队回家去。

"每天都在寻找"，让孩子觉得老师是多么重视他们，多么喜欢他们。孩子们朝着老师表扬的方面努力做好。这方法昨天实施，今天家长就有来。放学时，碰到一个家长，说孩子昨天回家非常高兴，说老师夸她可爱，她整个晚上心情愉快，完成作业的情绪特别高涨。

是啊，这是我意料中的。第斯多惠不就说"教育在于赏识、激励"嘛。

"每天都在寻找"，我将一往情深地坚持下去。那寻，寻出了孩子的自信心；那寻，寻出了更爱看课外书的孩子；那寻，寻出了另一片育人的天空。

"久久久"与"发发发"

◇周智雄

这天该上《加减法的简算》，我刚走进教室，发现教室后排坐了两位老奶奶，原来她们是来参加"家长开放日"活动的。我小声嘀咕道："学生的父母们也挺忙啊，连听一堂课的时间都挤不出来。不知这些'奶奶'们听了课，能不能起到对孩子的家庭辅导作用？"

虽然有些意外，但教学还得按计划进行。以前教授375+199、325 － 199之类的简算，学生总记不住"多加了要减去，多减了要补上"这一关键点，分不清何时该加、何时该减，容易产生厌学情绪。今天这节课，怎样才能让孩子们保持浓厚的学习兴趣呢？面对教室后边的两位老奶奶，我一拍脑门儿，不如今天就来"聊聊"学生们的爷爷奶奶！我打开了话匣子："三年级的平平同学有375元零花钱，春节时，平平为老人献一份儿孝心，特地给奶奶洗了一次脚。老人一高兴，就要给平平一大笔压岁钱。奶奶做什么事都要图个吉利，一出手就是999元，谐音'久久久'嘛！你能算出平平现在共有多少钱吗？"

列出算式"375+999"后，学生们很快便讲出了简算过程：先把999元看成1000元，再减1元就得1374元（375+999=375+1000 － 1=1374）。

我接着聊："平平的外婆知道了，也要给孙儿压岁钱，于是拿出了888元，谐音'发发发'呀！平平现在有多少钱了呢？"

列出算式1374+888后，有的学生把888看成1000，再减112就得

2262；有的学生则认为 888 更接近 900，所以把它当成 900 来加，再减去 12 就行了。

不难看出，他们对加法的简算方法已经有了十分透彻的理解。

我正得意于自己的"灵感"，冷不防遭遇一盆凉水泼来。一个学生突然"发难"道："老师，我觉得老年人太迷信了，何必这么麻烦呢？直接给个整数（1000 元）多好啊，省得我们这么费劲儿地计算呢！"减法的简算方法还没学呢，难道就这样中断了？

我略加思索，回答道："其实，999 也好，888 也好，只是人们美好愿望的寄托，并不会给大家的生活带来不利影响，就不必当作封建迷信了。平常，你可能见过人们普遍喜欢的一些吉利数字吧？"学生争相发言："我家的车牌号带有"666"，谐音六六大顺""我爸的手机号码带有"777"，因为"7"像锄头，可以挖到很多财富"……

受学生们的启发，我突然有了切入减法简算教学的下一个话题："周老师揣 7432 元钱去商场购买电脑。神舟牌笔记本电脑的售价是 5999 元，周老师买了一台，还剩下多少钱？"学生很快说出了简算方法：将 5999 当作 6000 来减，再补加 1 得 1433（7432 − 5999=7432 − 6000+1）。

接下来，我让学生们仿照例题，自己出题，然后与同桌交换练习。他们解题的效果很不错。再看看后边坐着的两位老奶奶，也听得乐呵呵的！

沉默的教育

◇黄翠英

记得曾经看过一部电视剧，讲述老师与学生之间的事。故事中有两个学生由于打架而被老师拽到了办公室，眼看一场暴风雨就要来临。这时，校长推门进来，只是对面色铁青的老师轻轻地说了这么一句话："请你沉默5分钟后再批评学生吧！"校长走出去了，刚才还发火的老师果真沉默了5分钟，结果两位学生相互道歉，事情就这样结束了。

这个故事的片断深深地留在我的记忆里，多少年来也不曾忘记。刚开始对这句话也产生过怀疑：难道这微不足道的一句话竟有这么大的威力？

在偶然的一天，这句话得到了印证。

那天上午，我上完语文课，回到楼上办公室。椅子还未坐热，就有学生报告说班上两个男生打架了。身为班主任的我赶忙下楼，发现是班上的金星和云峰。只见金星铁青着脸，云峰紧握着拳头，仇恨似地对峙着。云峰看到我，松开了拳头，垂下了脑袋。可是金星却不买我的账，嘴里骂个不停，连劝架的我也给骂了。我不由得火冒三丈：那还了得，连老师都敢骂？当时正在气头上的我拉开了桌子，决定把他抓到办公室，再狠狠地训他一顿。却不料他索性躺在地上打滚，哭喊着。眼看要上课了，怎么办呢？问了周围的同学，都说是云峰没理由打了金星，金星生气才还手的，而且这两个小男孩是邻居，父母亲长期不合。糟糕！如果事情处理不当，说不定会导致两家冲突呢！于是，我马上叫两个人去办公室。云峰明知错了，一说就去了办公室。而金

星这时无论怎么劝说，他就是外甥打灯笼——照旧。上课铃已响，这节课眼看要被搅和了。无奈之余，我叫来要上课的数学老师，硬是把金星抬到了办公室。

办公室里，一个站着，一个蹲坐着，边哭边骂，一看这阵势，我内心更气：到了办公室，嘴还这么硬。我刚要发作，突然那句话在我耳边回响：请你沉默5分钟后再批评学生吧！伸出的手缩了回来，云峰奇怪地看了我一眼。我顺势坐在了椅子上，一句话也不说。拿出一本书，装着看书，好像遗忘了刚才发生的事。刚刚还哭骂不停的金星，不知何时停止了哭骂，用眼瞅着我。我又假装到另一个房间拿东西。等我回到办公室，发现刚才蹲坐着的金星站直了身体，而且两人的眼睛都跟随着我移动。我刚才的气也不知飞到哪儿去了，只觉得这两个小男孩挺有趣的。

时间悄悄地流逝，这两个等待挨批的学生有点受不住了。刚才还是仇敌般的小冤家竟互相用眼神查问起来。看到这情形，我走到金星身边，先把他身上的尘土拍干净，再温柔地说他的许多优点，完全避开刚才发生的事，最后动员云峰向金星道歉。金星这时却转过来对我说："老师，我不该骂您，我错了。"我欣喜道："我接受你的道歉，那你们俩怎么办？"我边说边拉住他们的手，让他们的手握在了一起。两个人都笑了，我也笑了。之后，两人倒成了好朋友。

当我们生气时，请先沉默5分钟吧！这样会使我们能够冷静地面对突发事件，会让我们放下一种平常无法放下的心态。在沉默中，我们的理智会战胜情感；在沉默中，我们会改变习以为常的传统的教育方法；在沉默中，我们会同时收获欣喜。

以诗交友

◇妥金录

我有一个特殊的同桌，那就是我们班的学困生小石，已经上五年级了，可是语文、数学很少考及格。今年我刚接上这个班，发现他一个人孤零零地坐在最后一排的角落里，显得非常孤单。上课他也常常低着头，心不在焉。后来，我了解到，小石父母经常在外打工，他一直和奶奶生活在一起，学习与生活上都缺少关爱。于是，我便在课堂上郑重宣布，我就是小石的"同桌"，每当有问题讨论时，我就出现在小石的身边。同学们对小石也投来了羡慕的目光。

一次作文课上，我为学生们朗读了北京李双有老师的《如何通过思维的创新来培养学生的想象力》，大家深受启发，都跃跃欲试，想自己写几首诗。十分钟后，一些思维敏捷的学生写出了两三首，然而我的"同桌"小石却连一个字都没有写出来。

下课后，我让小石随意指一种事物我和他一起写诗。他看到窗台上放的一盆芦荟，说："就写这个。""好啊！"我让小石先观察芦荟的外形有什么特点，他说有小刺，穿着绿色的外衣，于是我们写出了第一句："浑身长满小绿刺"。我让他再想一想，芦荟有什么作用，他说："我妈妈经常把它贴在脸上美容。"我说："多好的发现啊！"再来一句："其貌虽不扬，却是妈妈美容的好帮手。"读着和老师一起写的小诗，小石高兴地笑了，原来写诗竟然这么简单。

　　这时，打扫卫生的同学雷蕾也跑过来凑热闹，让小石以她的名字写一首诗，小石为难了。我说："不怕，就看着她名字的字来写，先看看，有什么特点。"接着，我们互相讨论，写下了一首精彩的藏名诗。"一声春雷响，一阵春雨来，朵朵花蕾放，缕缕幽香飘。"两三分钟就搞定了，雷蕾惊得目瞪口呆。这次，小石也会心地笑了，笑得很甜很甜。这两首诗我以小石的署名推荐到校报《丑小鸭》发表了，小石的学习兴趣越来越高了。最近，小石的诗歌《芦荟》在《天水晚报》又发表了，他真是高兴得合不拢嘴。

　　上学期期末考试小石语文虽然还是没有及格，但仅仅差2分，我依然表扬了他的进步，小石难过的脸上有了光彩。

　　是呀！学困生常常受到学生和老师的冷落，只有让他们找回自信，找回成长的尊严，同学和老师给予他们更多的关爱，他们脸上同样会洋溢着灿烂的笑容。

铭心的两件事

◇林金炎

每次写一篇作文，我唯一需要的东西是勇气。因为只有勇气才能让我大胆地去写每一篇作文，即使每次写出来的作文都不会引人注目，我也会为自己鼓一次掌，因为此时此刻的我，脑海中那可怕的阴影已经完完全全抹掉。

我常常在思考为什么对于数学我很感兴趣，而对于语文却很厌倦，甚至感到语文很恐惧，这或许跟曾经教过我的两位老师有关吧。

我还清楚地记得，那次数学考试我考了89分，可是试卷上的分数却写成90分。我把试卷反复检查了几次，可是答案都是89分。我觉得好奇怪，因为我们的数学老师是最精灵的，她是不可能把分数算错的。或许这次成绩是她让学生算的，或许昨晚她在评试卷时打瞌睡，或许……刹时，千千万万种想法在我的脑海一闪而过。此时，我用奇怪的眼光看了老师一眼，老师也向我微笑了一下，似乎是在提醒我别走神！我回过神来，认真听老师讲课，可是心里总想着"1分"。下课了，老师走到我桌子旁边，拿了一张纸条给我，我印象最深的是那一句话：1分作为对你的奖励，我相信凭着你的实力一定行的，加油！我这才恍然大悟。原来这段时间我迷上了上网，上课时经常走神，或许老师早已发现我不对劲了，但她并没有批评我，也没有对我失去信心，而是用1分鼓励我，让我回头是岸。

从那以后，我时刻提醒自己，努力学习，别辜负了老师的信任！

然而，正当我享受着被人鼓励的那种甜甜的味道时，语文老师的一声

"侮辱"又让我尝到了苦头。在她看来，这或许只是一种教育学生的方式罢了，但在我的眼里，这是一种对学生的侮辱，这一声"侮辱"给我的前途筑上了一面高墙，也让我有了一种"作文恐惧症"。

我怕写作文，因为曾经的那一声声刺耳的笑声让我感到心寒。我不知道现在的语文老师是否还跟当年的那位老师一样；我也不知道当老师把我的作文念出来后，同学们是否还会把那些让人感到恐惧的笑声当作玫瑰花送给我；我也不知道……我很害怕当年的那一幕会在今天重演，老师把我的作文当成笑话和同学们一起"共享"，老师当时难道没有考虑到这会给我带来多么大的伤害吗？

……

数学老师的 1 分激励着我向前进，使我对数学产生了浓厚的兴趣；而语文老师的一声"侮辱"，却如阴影般一直留在我的心中，使我对作文产生了恐惧。老师，我想对您说一声：您对学生所做的一切或许能决定他们的前途。

这是我班上一个学生的随笔。文笔虽略显幼稚，但文章中流露出的情感却是发自肺腑的。两位老师两种不同的教育方式，产生的两种不同的教育效果久久萦绕在她的脑海里，挥之不去。我们在敬佩那位数学老师高超的教育技巧的同时，又不得不对那位语文老师的做法颇加怀疑：老师在念作文时，抱着一种什么态度？是纯粹玩乐，还是以反面教材告诫其他同学呢？难道就没有更好的处理方法吗？

教育要给迷蒙的双眼带来澄明，给自卑的学生带来自信。为人师者，别忽视自己无意中的一句话、一个眼神、一个动作，一个微不足道的细节，带给学生的或许是毁灭性的扼杀，或许是拯救性的救赎。

教育中如果没有诗意和激情就没有召唤和启示，就没有美感，没有性情的陶冶和净化，没有灵魂的升华。教育应该像一首美丽的诗，如一弯流水般缓缓地淌过学生的心田，滋润着学生的心灵！

健忘的母亲

◇吴　明

30岁时，她便失去了丈夫。

身材窈窕、姿色动人的她，竟没有再嫁。为养活四个儿子和一个女儿，她没日没夜地为别人缝洗衣物，甚至拮据到自己吃一碗素面都要默默盘思半天。虽然疲惫，但是一望到活泼可爱的孩子，她便心满意足。

转眼40年过去，儿女相继成家，过上了丰衣足食的日子。岁月依旧，然而，她却老了，青丝变白发。

推诿是人性的弱点，琐事常常会给生活一种错觉，她和孩子们的距离也因为推诿与琐事变得越来越远，步履蹒跚的她不经意间就成了儿女们惹眼的心病。

终于有一天，一个儿子把她从乡下领到繁华的闹市中央，而后悄悄离开。她扛着拐杖，佝偻地伫立在寒风中，凌乱的白发在风中无助地瑟缩着。她唯一能做的，就是在陌生的大街上茫然挪动。

恰好路过一位移居至此的乡人把她带回家。乡人问她怎么会在这里，她流着泪说孩子们不要她了。

她的含辛茹苦，邻里尽知，而今却落得这般境遇，谁能淡然面对？义愤填膺的乡人找来媒体。记者问她："孩子们孝顺吗？"她呆呆地看了记者许久，最后说出一句令大家意想不到的话："孩子们都孝顺，怕我寂寞，所以送我到市里看看。"不甘心的记者又问："你怎么没有回去呢？这几天究竟发生了

什么事情？"她平静地回答："记不得，我老糊涂了。"

她的平静与笃定，让大家深深震撼，为她那句近乎不可思议的回答"记不得"。是什么使大家不假思索地推定，她必然愤怒怨恨呢？如果换成我们，究竟能否说出"记不得"，如风烛残年、历尽艰辛却没有得到回报的她？40年来，她一直为儿女而活。现在，她竟依然担心因为自己而使儿女颜面扫地，不好做人。

乡人把事情的经过捎给她的儿女，儿时的棉衣棉裤，一菜一饭，从他们已经尘封的记忆中渐渐浮现。儿女们落泪了，连夜搭车把她接回家中，发誓再也不遗弃母亲。因为他们终于知道，无论过去、现在还是将来，无论身在何方，有母亲便是天堂。

"八两米"的启迪

◇江文胜

当我刚刚来到这个世上时，父亲高兴得三个晚上都没睡好觉。因为我是长子，所以他对我更是疼爱有加。

在小学念书时，我不知父母的艰辛，更不识愁滋味，家里虽不富裕，但我却过着饭来张口、衣来伸手的神仙生活。

初一那年的暑假，父母顶着骄阳拼命地在田间地头干活，我却把竹床搬到大树底下，一个人舒舒服服地躺在上边睡大觉。那天，父亲"居然"叫我帮他送一点化肥到田畈。我不想去，就找借口，不是说手疼、脚疼，就是说头疼、肚子疼。父亲为此不知骂了我多少次，可我依然懒蛇一条，蜷在床上不下来。

一天正午，烈日当空，父亲与母亲在热得冒火的禾场上脱粒水稻。父亲叫睡在竹床上的我给他打下手，我又说肚子疼，浑身没劲。父亲知道我耍赖，气呼呼地操起一根扁担像打老虎一样向我扑来。我见势不妙，翻下竹床就逃，比兔子还快。

几天后的一个早晨，我刚起床来到堂屋，见父亲手里拿着一杆秤，身边有一把稻草、一只小提箩。

我不知父亲要干啥。

父亲开口说话了，语气全然没有一丝的愠怒，挺平静的。

"胜儿，今天，我把你一个人一天吃的和烧的都称给你。过去吃大锅饭时，

挣工分的人每年只有 600 斤稻谷，没挣工分的人只能分 70％。六七四十二，你一年只有 420 斤稻谷；按 12 个月分，每月就是 35 斤；35 斤稻谷加工成大米，就是 24 斤；按每个月 30 天计算，你每天只有 8 两米。稻草最多也只有 2 斤。现在，我给你 8 两米，2 斤稻草，我已在老屋给你准备了锅碗瓢盆，你自己单过吧。"

我一言不发地立在那里。

"对了，怕你信不过，我再称一遍让你看。"

父亲边说，边用秤钩逐个地钩起那把稻草、那只小提箩。

我呆若木鸡。

"这 8 两米，你一餐吃掉也行，分三餐吃也可以，反正自主权在你手里，你自己做主。"父亲又说。

我傻眼了。

区区的 8 两米，我一餐就能消灭掉；至于这 2 斤稻草，恐怕连 8 两米的水都烧不热，这怎么办呢？我的心猛一紧、鼻子一酸、眼睛一花，当场就嚎啕大哭起来。

父亲再也没说话，只是背着双手，不紧不慢地往门外踱去。

事后，姐姐告诉我，父亲见我哭了，在门外自言自语地说了一句话：

"知道哭，这家伙还有救！"

从此，家里多了个劳力。

从此，父亲的这个专利无偿地转让给了我。

再从此，我也会把这个专利无偿地一代一代转让下去。

小巷女人

◇余显斌

雾,淡淡的,音乐一样流淌着,飘染着。

小巷,在清晨的薄雾中,如依稀水墨中烘托出来的。小巷后面,是微微皱起的远山,是山上的寺庙,是寺庙里一杵一杵的钟声。

在小巷里漫步,耳旁,灌满清凉的钟声。心,也如水洗过一样白亮,悠闲。

清静中,小巷的那畔,响起了一声又一声的高跟鞋声,清脆,悦耳。

转过街角,一个女人的影子在纱一般的雾里走出,越来越近,在清晨的光中,纤纤一撒,柳条一般。

女人穿一袭旗袍,素色的,像水一样清凉地招展着,招展着一种高雅,一种美丽,一种古典。

女人的脸如所有小巷女人的一样,白白亮亮,见人一笑,眼睛水汪汪的,如一片早晨的阳光,照在人的脸上,让人陶醉。心,也顿时明亮起来。

女人手臂上挎着个篮子,里面装着几棵菜,水灵灵的。还有一束葱,水嫩水嫩的。

大概看我在注视她,女人望过来,一笑,脸上的一对酒涡里荡漾着明媚的春天,让人仿佛面对着春风、绿草和三月的花香。然后,鞋声叮叮地走了,很优雅地走进小巷深处。望着那绵软的身子,一时,让人疑惑,真不知是小巷装点了女人,还是那女人装饰了小巷。或许,二者兼而有之吧。

无言地伫立在小巷的雾中,我想。

再一次看见女人，仍是在小巷中。

那时，我刚走出门去，看见对面街角处，女人正隐在一架紫藤花下。

正是春夏之交，紫藤的嫩条长长地铺展开，遮住了半边墙。绿影筛墙，碧波荡漾，把一面粉墙都映成了绿色。风一吹，绿色直沁人人心。

紫藤旁，有一架扁豆花，花开一架，翩翩如蝶。

女人隐在花架后，一条碎花裙子。脸上，绽放出两朵笑，绰约，白净，如扁豆花开。

她见我，一笑，算打招呼，不说话。

我不知道她躲在那儿干什么，可由于素不相识，又不好询问。再说，听说最近小镇有些不三不四的女人，经常干一些让人脸红心跳的事。

我无来由地在心中感到可惜，可惜那一架花色，可惜了这婉约的小巷，也可惜了……究竟可惜了什么，我自己也说不清。

夹着书册，我头也不敢回，走了。

我怕一旦被那种女人缠上，就会说不清。

晚上，我把自己所见的情景告诉了在幼儿园工作的妻子。妻子听了，白了我一眼说，你们这些男人哪，总会往邪里想。那是我班一个学生的妈妈，来接自己的儿子。

我问为什么那样做啊。

妻子说，亏你还是老师呢，什么也不懂。说完，洗衣服去了。

第二天，我特意观察起女人来。女人出现在我的视线里，还是在小巷的拐角处，依然在扁豆花架后，一身白衣，端庄如一片雪花。

为了弄清妻子昨晚的话，我站在自家的楼上，隔着玻璃，悄悄地观察起来。

女人没有注意到有人看她，全神贯注地望着墙那面的一个院子。那边正是幼儿园。只听到唧唧喳喳的一片清亮之声，幼儿园放学了。

阳光下，一个个孩子如一只只鸟雀飞了出来。门外，一个个大人都张着双手，把扑向自己的一张张小脸拥进怀里，亲了又亲，背在背上，向远处走去。

只有一个男孩，娇嫩得如一个花骨朵，背着书包，在小巷中慢慢地走着。

孩子走过扁豆花架，一心一意地径直向前走。

突然，孩子被石子绊了一下，摔倒在地上，四边看看，没有一个人，瘪瘪嘴，爬起来，拍拍身上的尘土，背着小书包，一步一步向前走去。

一个三四岁的孩子，竟如此地笃定，坚强，让我心里很是欣慰。

孩子走得很远了，女人才从花架下走出来，走到孩子摔倒的地方，拾起绊倒孩子的那块石头，放在路旁，然后跟在孩子的后面，走了，一直走向小巷的深处，孩子离去的方向。

小巷里，阳光照着，明亮一片。

我的心里，洒满一片洁净的阳光。我想，有的父母把孩子当做一颗种子，小心呵护；有的却在孩子心中播下一粒自强的种子，让孩子学会自己去小心地呵护。

毫无疑问，这位年轻的妈妈，就是后一种吧。

"英雄"故事

◇吴 倩

儿子很淘气,大凡老师和家长的一些指令性的要求,他都不予理睬。由此,我一直以为:他是一个天不怕地不怕、只干自己喜欢的、无所顾忌的孩子。

"以后读书,并不是每件事都会让他感兴趣,难道不感兴趣的事就不学了吗?"婆婆的深深担忧,迫使我刻不容缓地让儿子"光荣"地加入了注意力训练营,期望在他身上看到具有稳定注意力的良好品质。

一日,负责儿子注意力训练的老师告诉我,课堂上给小朋友讲故事,当描述到危机场景时,儿子竟捂住耳朵往外跑。

对于儿子这一特殊反应,虽颇觉意外,但还是不由联想起来:有一次,幼儿园老师要求每个小朋友都上台给大家陈诉自己的优点,在老师千呼万唤后,儿子左顾右盼,语无伦次,站姿不稳,当后来我质问他为何这样时,他竟告诉我两个字"害怕"。

两件事情叠加在一起,让我郁闷不已,另一种担忧爬上心头。让我不得不去触摸孩子以往不曾关注的心灵角落——幼小的心灵如何面对危机?抗拒胆怯?

于是,儿子心目中的保护神——英雄,呼之欲出。

神化的英雄

不知何时起,日本人以动画片开始"侵略"我们下一代的精神领域。"奥

特曼"成为了儿子心目中顶礼膜拜的英雄。搞不懂简单得不能再简单的外形加上几个机械笨拙的动作，究竟有多少魅力？反正，从儿子的书包、玩具到衣服、鞋子，"奥特曼"俨然牢牢坐稳了第一形象代言人的宝座，它无可抗拒地走进儿子和一大批孩子的生命，轻而易举地赢得了他们的心。

对于儿子而言，"奥特曼"能制服怪兽，是拯救人类脱离危险的大英雄。拥有了英雄标志的东西，自己也仿佛本领高强起来了，每每让儿子摆pose时，多半是"奥特曼"两手臂相交呈直角的标志性动作。现在想来，大概儿子也希望依靠英雄或自己成为英雄，来驱赶内心对于外界妖魔的恐惧，从而获得一种安全感。

于是，我们常常会看到，孩子们打起架来，一边学着奥特曼的动作，一边模仿着"嘿啊"的音效声，感觉自己很强大。

我们常听到大人在告诫孩子可能有危险时，孩子会骄傲地说："没关系，奥特曼会打赢它，救我们的！"这时，你大概也认为这样下去可不行，但是今天，即便是明确地告诉孩子：不要迷信"奥特曼"，不准玩与"奥特曼"相关的玩具，孩子会真心同意吗？

英雄在哪里？

2008年5月12日下午，四川省汶川县7.8级地震，重庆也陷入了一片惊慌之中，举世震惊的5分钟里，地动山摇，家里的家具左撞右晃，惊慌失措的外公、外婆拖着儿子一口气从高楼直奔而下，到了楼底，才发现小家伙一只脚穿着"奥特曼"凉鞋，另一只脚光着小脚丫，"真是能干了，长大了，一点也没哭，紧紧跟着大人跑得快！"大家对儿子遇事不惊的表现很满意。接着，你一言，我一语议论开来，一半是下意识发泄一下后怕，一半是关注哪些地方受灾、多么严重，死伤多少人？儿子在旁睁着大眼睛认认真真

地听着每一句话，当我们意识到这样可能会扩大他心中的恐惧时，爸爸安慰他：别怕，奥特曼会赶来救大家的。哪知儿子嘟嘟小嘴冷静地说："我才不信，奥特曼是假的！"

不错，人不过是宇宙中的一粒微尘。在面对自然灾害时，人的生命是那么的渺小，当大地可怕地摇晃时，都市人引以自豪的高楼大厦就像即将被遗弃的小纸盒般无助，儿子没有看到"奥特曼"如荧屏中用巨大的双手稳稳护住小似模型的房舍，而是依靠自己的力量奔跑自救。最终能让自己脱离危险的，是自己，是自己清醒的判断和冷静的行动。短短的 5 分钟，重庆的高楼没倒，却"轰"的一声，在幼小心灵中，如此彻底地一举摧毁了以往无所不能的英雄。

夜里，儿子在梦里哭泣起来，是为失去心中的英雄？还是陷入迷茫的困惑？

时间会说明一切的。不知道，一段时间过后，"奥特曼"会不会重新驳回儿子的信任？不知道，以后的神话故事中还会有什么样的英雄能继续占据儿子的心灵，成为他的保护神？

我只知道，作为父母，有一种需要叫作等待，等待成长的种种经历收获成熟的种子，让我们能陪着心爱的孩子，一起看着它们发芽、生长、开花、结果……

伤　疤

◇车广秀

两位母亲都极爱自己的孩子。在孩子两岁那年，同样因为工作的原因，不得不含泪暂别孩子。孩子都被放在外婆家。

第一位母亲离孩子并不是很远，每月可以探望一次。每次，她和孩子分别时，都伤心得泪流满面，而孩子也总是哭着喊着让她回来，让她别走。

有一次，她跟孩子开心地玩了一整天，第二天，怕离别的伤感出现，就趁着孩子熟睡之际，悄悄地离开了。孩子起来，看不到妈妈，大急，边哭边往外追，结果不小心，"啪！"地一下子摔倒了，头磕在一块砖头棱上，破了，流血了，后来留下了一道深深的伤疤。

母亲后来接走了孩子，一心想治好孩子脸上的伤疤，可终难如愿。所以，她常常会情不自禁地给已经长大了的孩子讲两岁时离别的痛苦和疤的由来，讲着讲着就泪流满面，满心愧疚。

结果，已读六年级的孩子在《疤》这篇作文中写道：

这件事对我的打击太大了，这对一个两岁的孩子而言，是多么的不能承受。妈妈每一次回来，每一次离开，对我都是一次打击。所以，我当时最大的愿望，就是妈妈不要离开我。

现在这个愿望实现了，我和妈妈幸福地生活在一起已经很多年了，可是这些年相聚的幸福并没有抹去这段回忆的阴影。我是太早地体会够了这种悲

欢离合。

我四岁时做过一次眼睛手术，听妈妈说是全身麻醉，4 岁之前的事大多忘记了，就只留下了这一件，妈妈为了去掉我额头上的伤疤，曾抹过很多药啊、膏啊、霜的，可就是去不掉。

也许留在心里的伤疤是更深的，永远也不能去掉的吧！

这位母亲珍藏着这篇作文，每看一次，就泪如雨下……

第二位母亲，把孩子放在外婆家后，远走他乡，奔波了一年，有了一个还算稳定的基础后，才回来接孩子。

第一次见面，孩子已经认不得她了，把头埋在外婆的怀里，连声"妈"也不肯叫。

而且，第一眼望过去，她就发现，孩子清秀俊逸的脸上，多了一道刺目的疤。

孩子的外婆一脸愧疚地说："那一次，他自作主张地捧一搪瓷杯子喝水，等我们发现喝止时；他笑嘻嘻地捧着杯子就跑。结果一头栽在地上，额头就被杯口划破了，就留了这么一道疤。"

那一瞬间，她的心都疼得哆嗦起来，愧疚也如潮水般淹没了她。

但她只是淡淡一笑，安慰老人说："没关系的，小孩子不摔摔打打哪能长得大，再说，这疤并不是很大，不留心还看不出来呢！"

后来，她也把孩子接到身边，一家三口快快乐乐地生活。孩子慢慢长大，偶尔问起额上的疤，她会笑嘻嘻地说："还不是你自己逞能摔的，我把你养得这么漂亮，你倒好，趁我外出打拼创业的机会，用一只小小口杯就把自己毁容了，你赔我，赔我一个没疤的儿子来。"

孩子就边快乐地笑，边得意地说："就不赔，就让你儿子脸上长疤。"

然后母子俩闹作一团。

小学六年级时，这孩子也写了一篇叫做《疤》的作文，有一段是这样说的：

妈妈为了让我有一个好的生活环境，背井离乡到外面打拼，让外婆照顾我，可我却不听外婆的话，自己捧着口杯乱跑，然后，摔倒了，脸上就落了一个小疤。

妈妈老让我赔她一个没疤的儿子。

可妈妈不知道，正是这个疤才让我明白妈妈有多爱我，为了我，曾经那么辛苦地在异乡拼搏。

所以，疤刻在我脸上，母爱却永远流淌在我心里。

这位母亲也珍藏着孩子的作文，每看一次，脸上就荡漾出幸福而甜美的笑。

故事讲完了。

两位母亲都爱自己的孩子，第一位母亲的爱给孩子的心灵和脸上都刻下了难以抹去的疤；第二位母亲，却让疤留在孩子脸上，温暖和爱流淌在孩子心里。

我们应该成为哪位母亲，应该带给孩子什么样的爱呢？

一次路盲

◇许广萍

女儿天生胆小，做事总是怯怯的。已经上中班的她还是不敢大声和老师说声"再见"。开始我是很有耐心地鼓励她，可一直不见成效。接下来就是训斥，再训斥，并且拿别的小朋友如何胆大、自信作为例子讲给她听。她仍然我行我素，不吃我这一套。并且她的胆量越来越小，见了生人就低头不语，出了家门总爱藏在我的身后。如此状况，让我一筹莫展。

一次我竟然害起了红眼病，临出门时，我把墨镜卡在脸上，女儿顺口说了一声："妈妈变成瞎子了。""是呀。妈妈眼睛看不见路了，怎么送你去上学呢？"我顺势答到。"没关系，我知道怎么走。"没想到女儿的嗓门提高了很多，而且说话干脆利落，真是少见。女儿拉着我的手走到我的前边，在我的记忆中这应该是第一次。

其实幼儿园离我家约一里的路程，但是要拐三个弯，过两条马路。下楼时，她提醒我："妈妈，你扶好这个。"并把我的手放到了楼梯扶手上，俨然一个小大人似的。"妈妈，靠右一点。"走在路上，看来她是在为我的安全着想。"这儿有一辆自行车，往这边拐。"女儿的话比平时多了很多。要过马路了，我就故意逗她："走呀，停下来干什么？""你没看见是红灯吗？"好家伙，把我平时教训她的话拿来教训我了。"对了，你看不见。"她又补充一句。"妈妈，快点往那边让让，过来一辆垃圾车，臭死了。"一路上，女儿还真以为我什么都看不见呢。这也是我的演技高明的结果吧，我暗自得意。"妈妈，你怎

么比我走得还快？"女儿的话提醒了我。哈哈，差点露馅。

终于到幼儿园门口了，我知道走这段路程用了平时 3 倍的时间。女儿撒手急匆匆地向大门内跑去，突然又转身跑回，扑在我身上："妈妈，你看不见路怎么回家呀？"女儿满脸的担心。我笑了笑，把她的头抱在胸前，凑在她的耳边："今天宝宝真棒。不仅能自己上幼儿园，还能把妈妈带到这里。不简单呀！"我一边摘着墨镜一边继续说道："宝宝胆子变大了，勇敢了。这样就把妈妈的眼睛治好了。看，我现在什么都能看见了。"我故意冲着她使劲眨巴两下眼睛。女儿笑了，笑得那么灿烂。

是呀，平时我们家长总是以强者的形象出现在孩子面前，孩子习惯了充当弱者而失去了一次次锻炼和表现的机会。

多给孩子一些表现的空间吧！相信每一个孩子都是好样的！

风中的树叶

◇尚地　摘编

老师在课堂上对学生说："世界上有一种人，他们会在生死关头把生留给别人，而自己选择死。"

阿里从小就害怕死亡这件事，所以他从来都认为老师在说谎。

有一天，阿里严肃地问妈妈："世界上真的有那种愿意牺牲自己的人吗？"

"当然，孩子，让妈妈给你讲一个故事吧。"妈妈轻轻地对阿里说。

那是发生在一个建筑工地上的故事。年轻的马丁和科尔是一对好朋友，他们都是建筑工人。一个秋天的下午，他们正在尚未竣工的楼上干活，那里离地面有几十米高。

突然，他们站立的木板断裂了，一刹那，两个人同时从几十米的高空落下，他们都认为自己肯定完了。

但是幸运的是，一个防护杆救了他们。但两个人实在太重了，脆弱的防护杆只能承受一个人的重量，他们中间必须有一个人放开手。然而求生的本能让他们都紧紧地抓住了防护杆。

时间在一点点过去，防护杆开始吱吱作响，眼看就要断了。这个时候，结了婚的科尔含着眼泪对马丁说："马丁，我还有孩子！"

没有结婚的马丁只是静静地说："那好吧！"然后就松开了手，像一片树叶飘向了水泥地面。

"妈妈，真有这样的事情吗？它只是个故事而已吧！"阿里不以为然地说。

"阿里，那个得救的人就是你的爸爸，你爸爸说的孩子就是你。"妈妈眼里含着泪水。

空气顿时凝固了，阿里望着妈妈，颤抖地说："马丁叔叔一定是那个秋天最美丽的树叶，是吗？妈妈！"

"是的，那片美丽的树叶现在一定飞上了天堂，上帝也会为他的美丽而感动。"

装满小屋的东西

◇佚　名

　　一位睿智的父亲，为了考验三个儿子的聪明才智，经过苦心设计，想出了一道试题。父亲分别给了3个儿子每人100元钱，要他们用这100元钱去买他们所能想到的任何东西，再将买回来的东西，设法装满一个占地超过100平方米的巨大仓库。

　　长子思考了很久，决定将100元钱全部去买最便宜的稻草。结果，稻草运回来之后，连仓库的一半都装不满。

　　次子稍微聪明一些，他将那100元钱买了一捆捆棉花，将棉包拆开，希望能装满仓库。但是依然装不满巨大仓库的2/3。

　　小儿子看着两个哥哥的举动，等他们试过并失败之后，轻松地走进仓库，将所有的窗户牢牢关上，请父亲也走进仓库中。然后小儿子把仓库的大门关好，整个仓库霎时变得伸手不见五指，黑暗无比。这时，小儿子从口袋中拿出他花了1元钱买来的火柴，点燃也是用1元钱买的小蜡烛。

　　顿时，漆黑的仓库中充满了蜡烛所发出的光芒，虽然微弱，却是温暖无比。

我知道你是明星

◇佚 名

电影明星洛依德将车开到检修站，一个女工接待了他。她熟练灵巧的双手和年轻俊美的容貌一下子吸引了他。

整个巴黎都知道他，但这个姑娘却没表现出丝毫的惊讶和兴奋。

"你喜欢看电影吗？"他不禁问道。"当然喜欢，我是个电影迷。"

她手脚麻利，看得出她的修车技术非常熟练。半小时不到，她就修好了车。

"你可以开车走了，先生。"

他却依依不舍："小姐，你可以陪我去兜兜风吗？"

"不，先生，我还有工作。"

"这同样是你的工作。你修的车，难道不亲自检查一下吗？"

"好吧，是你开还是我开？"

"当然我开，是我邀请你的吗。"

车跑得很好。姑娘说："看来没有什么问题，请让我下车好吗？"

"怎么，你不想再陪陪我吗？我再问你一遍，你喜欢看电影吗？"

"我回答过了，喜欢，而且是个影迷。"

"你不认识我？"

"怎么不认识，你一来我就认出，你是当代影帝阿列克斯·洛依德。"

"既然如此，你为何对我这样冷淡？"

"不！错了，我没有冷淡。只是没有像别的女孩子那样狂热。你有你的成绩，我有我的工作。你今天来修车，是我的顾客，我就像接待顾客一样接待你；将来如果你不再是明星了，再来修车，我也会像今天一样接待你。人与人之间不应该是这样吗？"

他沉默了。在这个普通的女工面前，他感受到自己的浅薄与狂妄。

"小姐，谢谢！你让我受到了一次很好的教育。现在，我送你回去。再要修车的话，我还会来找你。"

最伟大的推销员

◇ 兰澜　摘编

2001 年 5 月 20 日，美国一位叫乔治·赫伯特的推销员成功地把一把斧子推销给了小布什总统。布鲁金斯学会得知这一消息后，把一个刻有"最伟大的推销员"的金靴子奖给了他。这是 1975 年以来，继该学会的学员成功地把一部微型录音机卖给尼克松之后，又一学员迈过如此高的门槛。

布鲁金斯学会创建于 1927 年，以培养世界杰出的推销员著称于世。它有一个传统，在每期学员毕业时，都设计一道最能体现销售员实力的实习题，让学员去完成。克林顿当政期间，该学会推出一个题目：请把一条三角裤推销给现任总统。8 年间，无数的学员为此绞尽脑汁，最后都无功而返。克林顿卸任后，布鲁金斯学会把题目换成：请把一把斧子推销给布什总统。

鉴于前 8 年的失败与教训，许多学员都知难而退。个别学员甚至认为这道毕业实习题会和克林顿当政时一样毫无结果，因为现在的总统什么都不缺，即使缺什么，也用不着他们亲自去购买，也不一定正赶上你去推销的时候。

然而，乔治·赫伯特却做到了，并且没有花多少功夫。一位记者采访他的时候，他坚定地说："我认为，把一把斧子推销给布什总统是完全可能的。因为布什总统在得克萨斯州有一座农场，里面长着许多树。于是我给他写了一封信。信中说：有一次我有幸参观了您的农场，发现种着许多矢菊树，有些已经死掉，木质已变得松软。我想，您一定需要一把小斧子，但是从您现在的体质来看，小斧子显然太轻，因此您仍然需要一把不甚锋利的老斧子。

现在我这儿正好有一把这样的斧头，正是我祖父留给我的，很适合砍伐枯树。倘若您有兴趣的话，请按这封信所留的信箱，给予回复……最后他就给我汇来了 15 美元。"

乔治·赫伯特成功后，布鲁金斯学会在表彰他的时候说："金靴子奖已设置了 26 年。26 年间，布鲁金斯学会培养了数以万计的推销员，造就了数以百计的百万富翁，这只金靴子之所以没有授予他们，是因为我们一直想寻找这么一个人——这个人不因有人说某一目标不能实现而放弃，从不因某件事情难以办到而失去自信。"

只剩一只眼可眨

◇尚 地　摘编

博比是法国的一名记者，在 1995 年的时候，一场突如其来的脑血管疾病，导致他四肢瘫痪，而且丧失了说话的能力。患病后的博比躺在医院的病床上，头脑清醒，但是全身的器官中，只有左眼还可以活动。可是，他并没有被病魔打倒，虽然口不能言，手不能写，他还是决心要把自己在病倒前就开始构思的作品完成并出版。出版商便派了一个叫门迪宝的笔录员来做他的助手，每天工作 6 小时，给他的著述做笔录。

博比只会眨眼，所以就只有通过眨动左眼与门迪宝沟通，逐个字母逐个字母地向门迪宝背出他的腹稿，然后由门迪宝抄录出来。门迪宝每一次都要按顺序把法语的常用字母读出来，让博迪来选择，如果博比眨一次眼，就说明字母是正确的。如果是眨两次，则表示字母不对。

由于博比是靠记忆来判断词语的，因此有时就可能出现错误，有时他又要滤去记忆中多余的词语。开始时他和门迪宝并不习惯这样的沟通方式，所以中间也产生不少障碍和问题。刚开始合作时，他们两个每天用 6 小时默录词语，每天只能录一页，后来慢慢加到 3 页。几个月之后，他们历经艰辛终于完成了这部著作。据粗略估计，为了写这本书，博比共眨了左眼 20 多万次。这本不平凡的书有 150 页，已经出版，它的名字叫《潜水衣与蝴蝶》。

在这个世界上，聪明的人并不是很少，而成功的，却总是不多。很多聪明人之所以不能成功，就是因为他在已经具备了不少可以帮助他走向成功的条件时，还在期待能有更多一点成功的捷径展现在他面前；而能成功的人，首先就在于，他从不苛求条件，而是竭力创造条件——哪怕他只剩下一只眼睛可以眨。

我很重要

◇姜　隆　摘编

尊敬别人的人，同样会受到别人的尊敬。正像站在镜子前面一样，你怒他也怒，你笑他也笑。

一位在纽约任教的老师决定告诉她的学生，他们是如何重要，来表达对他们的赞许。

她决定将学生逐一叫到讲台上，然后告诉大家这位同学对整个班级和对她的重要性，再给每人一条蓝色缎带，上面用金色的字写着"我很重要"。

之后那位老师想做一个班上的研究计划，看看这样的行动对一个社区会造成什么样的冲击。她给每个学生3个缎带别针，教他们出去给别人相同的感谢仪式，然后观察所产生的结果，一个星期后回到班级报告。

班上一个男孩子到邻近的公司找了一位年轻的主管，因为这位主管曾经指导他完成生活规划。

那个男孩子将一条蓝色缎带别在他的衬衫上，并且再多给了2个别针，接着解释到："我们正在做一项研究，我们必须出去把蓝色缎带送给感谢、尊敬的人，再给你们多余的别针，让你们也能向别人进行相同的感谢仪式。下次请告诉我，这么做产生的结果。"

过了几天，这位年轻主管去看他的老板。就某些角度而言，他的老板是个易怒、不易相处的同事，但极富才华。这位年轻主管向老板表示，十分仰慕他的创作天分，老板听了十分惊讶。

　　这个年轻主管接着要求他的老板接受蓝色缎带，并帮他的老板别在身上。一脸吃惊的老板爽快地答应了。

　　这个年轻主管将缎带别在了老板外套、心脏正上方的位置，并将所剩的别针送给了老板，然后问他："您是否能帮我个忙？把这缎带也送给您所感谢的人。这是一个男孩子送我的，他正在进行一项研究。我们想让这个感谢的仪式延续下去，看看对大家会产生什么样的效果。"

　　那天晚上，那位老板回到家中，坐在 14 岁儿子的身旁，告诉他："今天发生了一件不可思议的事。在办公室的时候，有一个年轻的同事告诉我，他十分仰慕我的创作天分，还送我一条蓝色缎带。想想看，他认为我的创作天分如此值得尊敬，甚至将印有'我很重要'的缎带别在我的夹克上，还多送我一个别针，让我能送给自己感谢、尊敬的人，当我今晚开车回家时，就开始思索要把别针送给谁，我想到了你，你就是我要感谢的人。

　　"这些日子以来，我回到家里并没有花许多精力来照顾你、陪你，我真是感到惭愧。

　　"有时我会因你的学习成绩不够好、房间太过脏乱而对你大吼大叫。但今晚，我只想坐在这儿，让你知道你对我有多重要，除你妈妈外，你是我一生中最重要的人。好孩子，我爱你。"

　　他的孩子听了十分惊讶，开始呜咽啜泣，最后哭得无法自制，身体一直颤抖。看着父亲，他泪流满面地说："爸，我原本计划明天自杀的，我以为你根本不爱我，现在我想那已经没有必要了。"

一个巴掌也能拍响

◇周 墨　摘编

她从小就"与众不同"，因为患小儿麻痹症，不要说像其他孩子那样欢快地跳跃奔跑，就连平常走路都做不到。寸步难行的她非常悲观和忧郁，当医生教她做一点运动，说这可能对她恢复健康有益时，她就像没有听到一般。随着年龄的增长，她的忧郁和自卑越来越重，甚至，她拒绝所有人的靠近。但也有一个例外，邻居家那位只有一只胳膊的老人却成了她的好伙伴。老人是在一场战争中失去一只胳膊的，但老人非常乐观，她很喜欢听老人讲故事。

这天，她被老人用轮椅推着去附近的一所幼儿园，操场上孩子们动听的歌声吸引了他们。当一首歌唱完，老人说道："我们为他们鼓掌吧！"她吃惊地看着老人，问道："我的胳膊动不了，你也只有一只胳膊，我们怎么鼓掌啊？"老人对她笑了笑，解开衬衣扣子，露出胸膛，用手掌拍起了胸膛……

那是一个初春，风中还有几分寒意，但她却突然感觉自己的身体里涌动起一股暖流。老人对她笑着说："只要努力，一个巴掌一样可以拍响。你一样能站起来的！"

那天晚上，她让父亲写了一张纸条，贴到了墙上，上面是这样的一行字"一个巴掌也能拍响"。从那之后，她开始积极配合医生做运动。无论多么艰难和痛苦，她都咬牙坚持着。终于有一点进步了，她可以靠着支架在地上

挪动。她满怀希望又以更多的努力来追求更大的进步。父母不在时，她自己扔开支架，试着走路。蜕变的痛苦牵扯到筋骨，是常人难以忍受的疼痛，但她始终坚持着，她相信自己一定能够像其他孩子一样行走、奔跑。她要行走，她要奔跑……

11岁时，她终于扔掉了支架，然而已锤炼出的坚强意志，她并不满足。她又向另一个更高的目标努力着，开始练习打篮球和参加田径运动。

1960年，在意大利罗马举行的奥运会女子100米跑决赛中，当她第一个冲过终点时，全场掌声雷动，人们都不由自主地站起来为她喝彩，齐声高呼着这位美国姑娘的名字：威尔玛·鲁道夫。

那一届奥运会上，威尔玛·鲁道夫成为当时世界上跑得最快的女人，她一共摘取了3枚金牌，也是奥运会历史上最伟大的女子短跑运动员之一。

愧 疚

◇席 楷 摘编

凯文·卡特是一位杰出的南非新闻摄影家。

1993 年，为拍摄遍地饿殍的苏丹叛乱活动，凯文·卡特赶到北部边境。在伊阿德村旁一片灌木丛边，他听到一声微弱的哭泣，于是停下脚步，屏住呼吸，侧耳倾听。这时，凯文·卡特发现一个瘦得皮包骨头的苏丹小女孩在前往食物救济中心的路上再也走不动了，趴倒在地上。而就在不远处，蹲着一只硕大的秃鹰，正贪婪地盯着地上那个黑乎乎、奄奄一息的瘦小生命，等待着即将到口的"美餐"。凯文·卡特抢拍下了这一镜头。拍照后，他将秃鹰赶走，目送小女孩远去。

1993 年 3 月 26 日，美国《纽约时报》首家刊登了凯文·卡特的这幅照片——《饥饿的苏丹》。这张照片还获得 1994 年普利策新闻摄影奖。但是在获奖 3 个月后，凯文·卡特自杀了。人们在他的遗体旁找到了一张纸条："真的，真的对不起大家，生活的痛苦远远超过了欢乐的程度。"这一年凯文·卡特 34 岁。

原来那张照片传遍世界后，人们在给予非洲人民巨大同情的同时，更加关注那个小女孩的命运。成千上万的人打电话给《纽约时报》，询问小女孩最后是否得救。而与此同时，来自各方的批评也不绝于耳。甚至是在凯文·卡特获得大奖之后，人们纷纷质问，身在现场的凯文·卡特为什么不去救那个小女孩一把？！就连凯文·卡特的朋友也指责说，他当时应当放下摄影机去

帮助小女孩。

事实上，凯文·卡特从一开始便处于矛盾冲突和痛苦之中。他非常失望，非常愧疚，愧疚他当时只顾了摄影而没有救助那个瘦弱的小女孩，愧疚他的艺术荣誉，不是来自对苦难的抵御，而是来自对苦难的欣赏。在领奖台上，当他接过金杯时，突然想起了那个小女孩，刹那间，他仿佛听到全世界都在责问他，那个小女孩呢，难道她只是为了让你拍一张照片吗？卡特深深自责："我没有抱起那个小女孩，我感到十分、十分后悔。"作为一名记者，凯文·卡特捕捉苦难，身临现场，屡屡出入生死之境，遭受无数精神上的冲击和折磨。他心存道义，视他人苦痛为自己的苦痛。但是，凯文·卡特无法原谅自己。他因为自己没能进一步帮助那个小女孩而陷于一种空前的精神煎熬和自我道德良心的谴责之中，再加上舆论的批评和谴责，他自杀了。

正视卑微

◇周墨　摘编

20 世纪 40 年代，一个 10 岁的男孩胆怯地走进意大利北部小城莫迪纳的一家为贵族子弟开办的音乐学校。这个男孩刚出生时就能发出独特明亮的嗓音，当时医生认为他长大后会成为一个出色的男高音。童年时代，小男孩一直生活在要成为歌唱家的期望中。但是他出身卑微，一个靠卖面包为生的家庭是不可能让子女接受良好的音乐教育的。好在这所学校的校长看中了男孩的天赋，破格让他在这里学习。作为回报，男孩每天最早到学校为学生们烧上开水，下午做完全校的卫生后才最后一个离开。

男孩非常珍惜难得的学习机会，他比谁都刻苦。一次年末，全班同学中只有那个男孩通过了校长近似苛刻的考试。校长严厉地指责其他学生身处良好的环境，竟然得过且过，浪费光阴，只有那个男孩是班上最优秀的。"校长，你有没有弄错，他可是卖面包的孩子啊！"教室里的学生们发出一片嘲笑，这个男孩脸被羞得通红，低下头一言不发。"孩子，把正视卑微当成你人生的第一堂课。卑微并不可怕，不思进取才是最不能容忍的。我相信你将来也是最优秀的。"

这个男孩果然没有让他的校长失望，经过 7 年的不懈学习，男孩终于第一次登台演出。又用了 7 年，进入大都会歌剧院。而第 3 年结束时，他终于成为歌唱家。他就是当代最著名的男高音家帕瓦罗蒂。1963 年，他在英国伦敦出演的歌剧《波希米亚人》获得巨大成功；1990 年夏天，在意大利举

办足球世界杯赛期间，三大男高音——帕瓦罗蒂、多明戈、卡雷拉斯一起登台演出，从此帕瓦罗蒂作为世界第一男高音而被世人认可。

回忆起他的成功之路时，帕瓦罗蒂深情地说，童年时的校长告诉他，正视卑微是人生的第一堂课。他从那以后忘记了自己是面包匠的儿子，认为在音乐面前，没有高贵，没有卑微，只有平等。

2007 年 9 月 6 日上午，帕瓦罗蒂因胰腺癌病逝，享年 71 岁，一颗国际巨星陨落了。

留给老师的苹果

◇ 王光辉

朋友的孩子张名聪明伶俐，讨人喜欢，几个月前刚入学，学习中趣事多多，朋友常常讲得眉飞色舞。最近又听了几个，一笑过后，再三咀嚼，我却愈加感觉不是滋味。

单元测验有一题目：一个班 18 个小朋友，每人分一个苹果，应选哪个盘子里的？下面画着四个盘子，各一个算式：9+7、10+8、10+9、7+8。很明显，答案是第二个，可张名偏偏选了第三个，结果扣掉 5 分。发试卷时数学老师把他喊上去，一顿批评："这么简单还做错？"

回到家，朋友一看试卷，95 分，挺好，找到做错的，恼了，这题目有什么难？问张名："18 个人，每人分 1 个苹果，要几个？""18 个。""10+8 等于几？""18。""那你怎么选它？""还有一个是留给老师的！"小家伙一脸委屈。

朋友愕然，好半天才问："你告诉老师了吗？"

"老师批评我，来不及说。"

真没想到，错误的背后竟蕴藏着一颗纯洁天真的童心！"还有一个是留给老师的！"说得真好，在这样小小的选择面前，张名没有忘了留一份爱给老师，错得多有人情味！

一枚硬币的祝福

◇佚 名

美国著名喜剧演员大卫·布伦纳出身贫寒。小时候，当别的孩子为没有小汽车、没有好玩具向父母哭闹不休的时候，他却在为一顿饭、一双鞋子发愁。12岁那年的圣诞节，他的同学几乎每个人都得到了家长赠送的精美礼品，唯独他的父亲没有给他任何东西。

那天回到家，大卫显得很伤感。他小心地告诉父亲，自己也想得到一份圣诞礼物。

父亲看看儿子，过了半天，才把手伸进口袋摸出了一枚硬币。"孩子，这是我送给你的礼物，我希望你去买一样和别人不同的东西。"正在这时，一个卖报的人从他们家的门口经过，父亲说："去买一份报纸吧，或许上面有你喜欢的故事。"

大卫拿着父亲给的钱，真的买了一份报纸。上面有一篇介绍一位喜剧演员人生经历的文章，大卫深受感动。放下报纸，他想，要是我也能做一名喜剧演员该多好啊！于是，他决定去学喜剧表演。

许多年过去，大卫终于成功了，他成了美国著名的喜剧表演大师。大卫回忆说："当时，我以为父亲舍不得拿更多的钱给我买东西，现在才懂得，我的同学仅仅得到了汽车或布娃娃，而我得到了一个美好人生的梦想。"

老白味

◇蓉　娜

那是 50 年前的事了。那一年，我 10 岁，刚上小学四年级，就读于渝中区两路口小学。由于家远中午不能回家吃饭，只好在一家叫"老白味"的馆子吃一碗小面（那时叫阳春面）。

父亲经常来陪我，时间长了该店的老板也熟了。他人好，见我小，就对我父亲说："孩子太小，带钱容易丢失，你还是每月来结账的好。"父亲很感激。

"老白味"离学校不远，位于南区路口的斜对面，旁边还有一家"山东又一村"面馆。

"老白味"的老板是川南人，他们做的杂酱面是我的最爱，可因家庭经济窘迫平常我只吃一碗小面，只有每月父亲来结账时，他会特别优待我一碗杂酱面，那肉香扑鼻的杂酱，那酱黄的肉末泥真是好吃极了，我常常是慢慢吃慢慢品，连碗底的汤水我都会用舌头舔干净。

有时候上午放学较早，我会尽快来到"老白味"。放下书包，当起了堂倌，客人多了，我会帮着端面送汤。乖巧的我，常常赢得许多客人的喜爱，他们还以为我是老板的女儿。用餐时，老板时不时地会在我的那碗小面上加一勺杂酱。"大伯，我爸爸会骂我的。""我请你吃，可以吗？"我欣然接受了。也许现代人吃尽了山珍海味、龙虾、鲍鱼也体会不到那年月杂酱面的鲜美对一个小孩子的诱惑。

快放寒假了，一天中午，我到"老白味"，看见一个和我差不多年龄的小女孩在送茶、收拾桌上的碗筷。于是问老板："她是谁？""我的小女儿珍珍，刚从乡下来，比你大一岁，叫她珍珍姐吧！"老板回答说。我又问道："她读几年级了？"老板无奈地说："她还没读书呢？"我诧异地问："为什么？"老板说："我们哪有钱读书？"

一个星期后我和珍珍姐姐已经玩得很熟了。只要店里不忙，我们常常是变着花样玩，翻线圈呀，孤子儿呀，甚至在店门外修"房子"。不过玩的时候经常不尽兴，因为店里的事情她得带着干。

有一次，我玩热了，脱下身上穿的毛衣放在凳子上，走得慌忙忘了带，晚上回家才发现毛衣丢了。是丢在路上还是学校教室，还是"老白味"，我不敢多想。我哭着回到家里。当母亲发现后把我臭骂了一顿，要不是父亲回来得早，我可能会被母亲狠揍一顿。

第二天，我到"老白味"，珍珍姐姐把毛衣给我，吃惊的我感激地看着她。"不，送给你吧，冬天你穿得这么薄。""不，我不能要，我们农村的孩子不怕冷。""我已经穿上棉袄了，你却没有棉袄，收下吧！"我想反正母亲已经骂了我，丢了就丢了吧，找不回来了，送给珍珍姐姐高兴。推来推去，她勉强收下，我要她立即穿上，可她不愿意，只是紧紧地把毛衣抱在怀里。

放寒假了，因搬家我转学到了杨家坪小学读书，到"老白味"吃饭和珍珍姐姐玩的机会似乎再没有了。

可是我常常在晚上睡觉时就想起和珍珍姐姐玩的日子，那是多么快乐、多么天真无邪啊！

又一年过去了，一天放学回家，突然看见我的床上放了一件毛衣。呀，那不是我送给珍珍姐姐的毛衣吗？怎么回来了呢？

父亲在旁告诉我，那是珍珍姐姐还给我的。"我已经送给她了，她穿得那么单薄。""你不是说丢了吗？"母亲在旁插嘴。

我连忙问父亲："她现在怎么样，还帮她爸爸卖面吗？读书了没有？"爸爸伤心地说："她死了！"我惊讶地叫道："啊，怎么会呢？"

我不相信自己的耳朵，我还准备明年"六一"儿童节进城去看她，吃我一直怀念的杂酱面呢。她怎么会死了呢？我不明白，拉着父亲的手一定要他告诉我缘由。

原来父亲出差到市中心办事，中午到"老白味"吃饭时听老板说，上个月有一对年轻夫妻到店里吃面，他们三四岁的小儿子不小心把皮球掉到了地上。球顺势滚出店门，滚到马路上……"皮球，皮球！"小男孩叫着……珍珍姐姐就是为了给他捡皮球，被急驶而来的大货车撞成重伤，后来抢救无效死亡的。

珍珍临死前告诉他父亲，一定要想办法把毛衣还给我。

望着那间放在床上的毛衣，我的眼泪禁不住滚落下来。天啊，我可爱的珍珍姐姐，我可爱的伙伴。

几十年过去了，每当我乘车路过两路口时，那童年的记忆总会像放电影一样，许多难以忘怀的镜头浮现在我眼前，老白味，杂酱面，珍珍姐姐……

孩子让我们羞愧

◇微　微

　　下班高峰期，我刚挤下公车就看见拐角处两辆自行车"哐当"一声撞倒在地上。其中一辆货架上的蔬菜撒了一地，两位车主和另一辆后座上的小女孩都摔了下来。

　　"你这人是怎么骑的车，没长眼睛吗？看到前面有人还往上撞！"其中一位女士好像忘记了自己还带着小孩，既不先把孩子扶起来，也不问问孩子伤着哪里没有，一骨碌地从地上爬起来张口就骂。

　　"我骑得好好的，谁让你往这边乱拐！"另一位女士也不示弱，来不及捡起洒落的蔬菜迎面反驳。

　　"那你的意思是我的错了，我后脑勺又没有长眼睛，难道你的眼睛长在后脑勺啊！"

　　"这马路又不是你家修的，人这么多，还骑那么快，难道赶着投胎啊！"

　　……

　　两个人就这样你一言我一语地大声吵了起来。两位车主看上去都是三十出头的母亲，心里可能都想着回家做晚饭，急冲冲地不小心就撞上了。吵着吵着，不一会儿，周围就围了一大群过路的人，本来就狭窄的马路被完完全全地堵塞了。两人吵得正起劲儿时，摔倒的小女孩一声不响地从地上爬起来，将散落在地上的蔬菜捡了起来，走到正和她妈妈争吵的女士身边，说："阿姨，对不起，是我妈妈拐弯太急了，才撞倒了您。我帮您把东西捡起来了，您不

要再生气了。现在是下班高峰期，马路都被我们堵住了。您就别和我妈妈吵架了，您的孩子可能正等着您回家做晚饭呢！"围观的人一边纷纷竖起大拇指夸赞小女孩懂事，一边劝导两位女士不要吵了，既然没人受伤，就各回各的家，大事化小，小事化了，就这样算了。小女孩目不转睛地盯着妈妈和那位阿姨，一对天真的大眼睛扑闪扑闪的，两名女士再也不好意思吵下去了。她俩羞愧地笑了，吵得面红耳赤的两个人笑着相互说了声"对不起"，便推车离开了。

其实，有时候我们需要的真的只是一句简简单单的"对不起"。然而，当真正遇到事情的时候，我们却常常要么忘了这句话，要么没有勇气说出这三个字。因为我们觉得宽容会让自己失去面子。殊不知，宽容不仅不会让自己失去面子，反而会赢得别人的尊重。

在这方面，我们有时就没有孩子做得好。孩子的心灵单纯，考虑问题不会患得患失，遇到事情不会斤斤计较。在他们的心里，错就是错，对就是对，不会强词夺理，也不会无理取闹。

俗话说："良言一句三冬暖，恶语伤人六月寒。"成人应该向孩子学习，学习他们的谦让，学习他们的宽容，学习他们敢于承认错误的勇气。只有这样，这个世界才会充满爱，这个社会才会更加和谐。

一张偷发的奖状

◇卢晓玲

儿子在我所执教的学校上七年级一班。一天，他突然问我："妈妈，期末的时候你能从学校里给我要张奖状吗？"说完还很不安地看看我。

儿子是班干部，每学期都能得到奖状，我不明白他要奖状干什么。空白奖状是没有任何意义的，估计不会是给他自己要！于是我问儿子要奖状做什么。

犹豫了好一会儿，儿子才说了事情的真相。原来他们班有个学生，上课从不认真听讲，自习时不仅自己不好好学，而且还胡闹，打扰周围的同学学习。儿子是班长，得想个办法帮帮他，管理好班上的学习纪律。前几天，那孩子问儿子能不能期末时奖给他一张奖状，因为他从小到大还没有得过一张奖状，所以非常希望得一张奖状给爸爸妈妈看看。而且还承诺如果期末能得到一张奖状，他就一定好好表现，不再拖班级的后腿。

多么纯真可爱的孩子。我不能给他们一张没有校章的奖状，而带校章的奖状又不能这样发放，我为难了。其实儿子说的那个孩子我也认识，他叫王洁，每次见我都笑，还经常热心地为班里搬水，看不出与别的同学有什么不同。只是从儿子那里知道他学习不怎么好，可是并不坏。

我在教务处工作，拿出一张带校章的奖状应该没问题，可是能这样给他吗？

几天来，我一直在思考着这个问题。王洁凭他自己的实力是不可能拿到

奖状的，不管是哪种奖项。但是我怎能拒绝一个孩子的积极要求呢？

拿通知书那天，王洁果真没有拿到奖状。我给儿子送了一张过去，是"学习进步奖"。因为听儿子说，王洁从倒数第一爬到了倒数第五，历史、地理也已经达到了平均分。进步虽然不是很大，但确实进步了，说明他开始学习了，我无论如何也不能扼杀一个孩子要求上进的希望！

儿子偷偷地把写有王洁名字的奖状给了他。这份特殊的奖状，那个孩子也许会珍藏一辈子吧！

第二学期常常听到老师们夸赞王洁，不仅上课认真听讲，课后也会按时交作业了。

琅琅的话

◇王安峰

琅琅属猫

有关研究表明，孩子6个月至2岁，眼睛已经能清晰地看世界，这个年龄阶段的孩子最喜欢图画鲜艳的、押韵的、有节奏感的儿歌及童谣的书籍。于是，我们经常给琅琅读一些节奏感比较强的作品。琅琅一周岁半时的一天，我与他聊天，当问到爸爸属什么时，琅琅不假思索地答："属老鼠！"再问他："琅琅属什么？"原以为他会骄傲地回答："我是最威风的龙！"因为他已能分清家中每个人的属相了。谁知，他朝我一笑："我属猫！"看我一愣，他还是笑："我是小猫咪，最爱吃老鼠！"然后便手舞足蹈，哈哈大笑。原来这小家伙是现学现用，把儿歌中记住的词儿拿来对付他老爸了呀！

琅琅亮了

"熟读唐诗三百首，不会作诗也会吟"。的确，诗是语言浓缩的精华，我不奢望琅琅成为诗人，但我深知诗对一个人一生的文学修养会产生多么深远的影响。琅琅3岁时，我们常给他念唐诗，看着图片，把优美的意境描绘给他听；也常给他念具有浓郁生活气息的儿童诗，甚至有意识地模仿儿童诗，结合生活中的一些情境，创编一些小诗给他听。这使他对诗句充满了浓厚的兴趣。他经常会在不经意间运用所学的诗句，形容他的感受：看到夕阳西下，

他会说："白日依山尽"；春天到野外游玩，遇上下雨，他会说："好雨知时节，当春乃发生"……当然很多时候他也会因为不理解诗句而用错地方，我们就适时地对他引导纠正，从不打击他的积极性。一天傍晚，我给他讲故事，光线越来越暗，我便"啪"地打开电灯。琅琅一下子就跳起来，嘴里兴奋地喊着："哇，灯亮了！房间亮了！妈妈亮了！琅琅亮了！书本亮了！……一切都亮了！"这不正是一首充满了儿童趣味的生活小诗吗？虽显稚嫩，却不失本真！我心中暗喜，提笔记下了儿子生命中的第一次"创作"！

我还没播种呢

4岁时，琅琅迷上了科普知识类的书籍。迷完了《恐龙世界》，迷《海底世界》，迷完了《蓝猫淘气》，迷《少儿百科》……

一次，琅琅问了一个许多孩子都爱问的问题："我是哪儿来的呀？"爸爸说："你是妈妈肚子里生出来的呀！"琅琅追问："妈妈肚子里为什么会有我啊？"爸爸急中生智，拿起家中的《少儿百科全书》，指着有关图片解释说："因为爸爸在妈妈肚子里播了一颗种子，种子发芽了，长大了，便成了琅琅了呀！"琅琅没有再追问下去，玩玩具去了。吃饭时间到了，琅琅还是只顾玩玩具，似乎没听见爸爸的叫唤声。爸爸假装生气了，琅琅却不服气地低声嘟囔："我才没空理你呢！"爸爸严肃地说："哼！你不听爸爸的话对吧？你长大也是要做爸爸的哦！小心你的孩子学你的样子，到时候，哼……"谁知道琅琅满不在乎地说："我还没播种呢，我的孩子听不见的！"此语一出，举座皆惊，稍后全家人便忍俊不禁，哄堂大笑起来，好半天还止不住。

因为没有 e-mail

◇佚　名

有一个失业的年轻人，到微软去找一份清洁工的工作。在经过面试和实践考察后，人力资源部告诉他被录取了。

"请你将 e-mail adress（地址）给我们，以便工作联系。"年轻人说："我没有电脑，所以也没注册 e-mail adress。"人力资源部告诉他："对微软来说，没有 e-mail adress 的人等于不存在的人。所以，微软不能聘用你。"

他很失望地离开了微软，揣着口袋里仅有的十美元，到便利商店买了十公斤马铃薯，挨家挨户转手卖出。两个钟头后马铃薯卖光了。他得到了15美元。

他从来没想过，自己竟然可以这样挣钱。于是，他继续推销马铃薯，业务不断增多，利润也不断增加。

有了成本后，他认真地做起这种送货上门的生意。自身的努力加上好人缘，短短的五年后，他建立了一个庞大的"挨家挨户"贩售公司，以优惠的价格，将新鲜蔬果送到客户的家门。

保险公司找到他，要为他和家人设计一套保险箱，他同意了。签约时，业务员向他要 e-mail adress。他不得不再次说："我没有电脑，也没有 e-mail adress。"业务员很惊讶："您拥有这么大一个公司，却没有 e-mail adress。想想看，如果你有电脑和 e-mail adress 的话，可以做多少事情啊！"

他淡然一笑，说："那样的话，我就会成为微软公司的清洁工。"

早恋故事

◇ 王纪金

有人说：高三是滴眼泪，流下后是成长。

高三的学生压力很大，站在成人的年轮上，朝前望是社会与竞争，回眸是曾经快乐而灿烂的年华。

张文是个农村孩子，家庭经济状况不好，但学习刻苦，成绩优秀，很有希望考上名牌大学。父母都希望他跳出农门，光宗耀祖。

可在第三、四次大考中，他的成绩明显退步了很多。作为班主任，我很焦急。我暗中观察张文，也在班上进行暗访，但就是找不到原因。

张文的父亲打电话给我，问儿子的成绩怎么退步了。我说："学习进退是很正常的事情，谁也不能保证一直是常胜将军。您多鼓励一下他。"张老汉说："好的，我明天正好去墟上卖牛，顺便去学校和儿子谈谈。"我说："我明天正好值班，中午我和张文在校门口等你。"忽然张老汉又吞吞吐吐地说："可是明天我的手上一直都有牛，要不，我叫我老婆一起去？……"

张老汉每年都养一两头牛，冬初把壮牛卖掉，买进牛犊，既兼顾了农田耕作，又可赚点差价。为了赶墟，他要半夜起来，牵着牛步行二十多里到县城，壮牛卖了，还要买进牛犊，他是担心牵着牛来学校不雅观。

我说："没有关系，你就把牛牵来学校吧，校门口有几棵大树，你就拴在那里。"

晚自习时，我给同学们朗诵了我以前写的一首诗《我牵牛的父亲》：

我牵牛的父亲啊

你磨破的鞋底行走在山坳

步履像牛一样是那么坚毅

你的身躯有点佝偻

肩上是一家人沉重的生活

……

同学们听后很有感触，我看见张文的眼睛里闪烁着泪花。

第二天中午放学时分，学生们熙熙攘攘走出校门。张文的父亲牵着一头牛犊来到了学校，我看到了他那张有点紧张忸怩的脸。张老汉个子矮小，还有点驼背，一身朴素的打扮，脸显得很苍老。我微笑地对张老汉点点头，他也报以微笑。

张文看见了父亲，有点不好意思地走过去，因为许多同学都看见了他的父亲牵着一头牛。我也走过去，帮助张老汉把牛犊拴在校门口的大树上。

张老汉对张文说："儿子，考差了没有关系，加油！"然后他从口袋里拿出两百元钱，说："儿子，多买点好吃的，身体要紧。"张老汉颠来倒去就是这么几句话，张文望着沧桑的父亲，流泪了。

张老汉又对我说："王老师，您辛苦了，谢谢您的关照！"然后又拿出一个布包，里面是 10 个鸡蛋，他要我收下。我坚决没有收，把蛋给了张文。张老汉走了……

张文目送父亲的背影，眼泪哗哗地流。这个老实巴交的农民不善于言语，不会说什么鼓励教育性的话语，但是他对张文心灵的震撼却很大很大。

张文跟我来到办公室，向我敞开了心扉。原来，他正在跟高二的一个女

孩子谈恋爱。两人经常暗地里传着情书，有时候张文上课也会想入非非，注意力不集中，影响了学习成绩。

我知道，这个年龄段的孩子正处于青春期，很容易对异性产生朦胧的感情。我也知道，对待中学生早恋问题切不可草率，更不可视为洪水猛兽，一味地指责呵斥。

我一边听着张文的故事，一边想着该如何引导他，帮助他更好地完成学业，考入理想的学府。

听完张文的讲述，我给张文讲了西方流传的一个民间故事：

有一家人，穷得快要死掉了，上帝就派天使带他们到了一个花园别墅，天使把一个碗扣在桌子上对他们说："这里所有的东西你们都可以永远免费使用，除了这个碗，你们千万别把它翻过来看里面扣了什么东西。"家人就同意了。于是他们开始幸福地在这个花园别墅里生活。日子一天天过去，逐渐地，他们开始熟悉花园里的每一个日出和日落，熟悉了每个角落的花花草草……除了那个扣着的碗。终于有一天，他们再也按捺不住疯长的好奇心，翻开了那个碗。结果，他们又回到了贫穷的小茅草棚……

我对张文说："早恋其实就像那只扣着的碗。现在你们思想还不成熟，只是对早恋充满了好奇。但是千万别打开那只碗，否则就会像故事中的主人公一样……你的学习基础很好，你的身上承载着父亲母亲殷切的期望，你是个孝顺的孩子，也希望通过自己的努力使父母过上幸福的生活。"

张文认真地听着我的话，不住地点头。

我语重心长地说："孩子，把那只碗扣上吧，现在还来得及。"

张文向我鞠了一躬，出去了。

过了个把月，在一次大型的模拟考试中，张文的成绩又遥遥领先了。我欣慰地笑了，我想张文的父亲一定也在家里微笑地看着儿子……

"智力障碍者"的泪花

◇曹希刚

这是一个让我终身难忘的故事。虽然过去几年了，但一想到它，我的心就一阵的酸楚。

几年前的一个早晨，我正在办公室看书……

突然，校园广播里传来了一个领导的讲话："请一到四年级的班主任老师抓紧时间把你们班的"智力障碍者"送到会议室来。"顿时，我的心不禁一颤："智力障碍者"？又是"智力障碍者"！一次又一次这样的称呼，孩子幼小的心灵怎么受得了？

我忙放下书跑到教室里，那情景真是令人难忘。几个"智力障碍者"，有的小声哭泣；有的发呆；有的耷拉脑袋……一个个脸上都挂着晶莹的泪珠。几个顽皮的学生跑来跑去，大吼着："智力障碍者！智力障碍者！……

我忙驱散了顽皮的孩子，镇静地问："孩子们，为什么哭啊？"

"我不想当'智力障碍者'，我想回班。"一个叫海洋的同学头也不抬地说着。

"谁说你是智力障碍者啊！"我装作没事的说。

"我们都听到了，老师，我不想当'智力障碍者'，您能说个情吗？让我不去会议室吗？"孩子们用带着泪花的眼睛望着我。看着他们可怜的模样，我的心像针刺一般的疼。

是啊，他们原本也有固定的班级。可前几年，学校为了办出特色，把先

天智障的孩子集中起来，办了一个"智力障碍班"，不仅受到了上级机关的表彰，而且获得了特殊拨款。但我校的老师都不是搞特殊教育的专家，"智力障碍班"的学生并没有起色。为了甩掉包袱，学校采用了种种办法，让"智力障碍班"的孩子转的转，辍的辍。可是，"智力障碍班"毕竟是有补贴的，为了获得特殊拨款，学校又想出了把各班成绩差的学生集中起来，冒充"智力障碍班"应付检查，骗取经费的主意。今天，看样子又是有人来检查了。

"老师，给我说情。"

"老师，我也是。"

"老师……"

我被他们包围着，一阵酸楚直上心头。我忙把他们搂进怀里，噙着泪说："你们都不是'智力障碍者'，刚才那个领导说错话了，你们只是'后进生'。你们的成绩只是暂时差一点，但都很聪明。今后，你们只要刻苦，一定能行的！"

听了我的话，他们一个个惊愕地望着我。

为了进一步鼓励孩子们，我讲起了《赏识你的孩子》一文中周婷婷的故事：有一个耳聋的小女孩，她的名字叫周婷婷，但她好学上进。她在爸爸耐心的指导下，小学连跳二级；会背诵圆周率小数点后一千位数字；被评为全国十佳少年；中国第一位聋人少年大学生；还曾受到江总书记的接见……

同学们听着故事，渐渐开朗了起来，也给我提出了要求："老师，你叫他们不要再叫我们'智力障碍者'了。"望着孩子们期待的目光，我使劲地点着头。但我知道，这哪是我能控制的呀。为了安慰他们受伤的心灵，也为了完成领导安排的任务，我一边答应着，一边欺骗着："好的，好的。我们先到会议室吧。""老师答应了！""老师答应了！"他们欢呼起来，眼里闪着

泪花。

我不敢看他们，不敢看他们纯真的双眼，不敢看他们闪动的泪花，只有默默地牵着他们的手，一步一步地向会议室走去……

现在，我早已不再教他们了，但当年的"智力障碍者"那无助得令人爱怜的模样却始终浮现在我眼前，我只有一遍一遍地问：当年的"智力障碍者"啊，你们今天可曾泪花闪烁？

雕像的眼泪

◇杜恩泽

决州城南田家庄有个人叫田大顺，家有金银万贯，粮田千倾，骡马成群。家业虽旺，可人丁不旺。连娶了三房夫人，只生了一个儿子叫田继业。

田大顺五十得子，把儿子视为家里的小皇帝，吃的喝的穿的戴的任儿子挑。还做了一顶轿子，雇了两个人天天抬着儿子游山玩水，哪里热闹到哪里去，家里的钱任儿子花。

田继业长到十七八岁，不爱琴棋书画，不会耕作农田，成天在外游游逛逛，吃喝嫖赌，大把大把的钱往外边撒。田大顺一天天老去，想把家里的事儿交给儿子管，可是儿子不成器，从小不爱读书，连个账都不会记。见儿子这样不免长叹一口气道："这个家要败在这小东西手里了。"

田大顺对儿子气归气，恨归恨，可那毕竟是自己的儿子啊！他寻思着自己归天了，儿子怎么过日子。想来想去，想出一个绝招。

有一天，田大顺打发家里所有人都看戏去了，他从决州城里请来一个外地泥水匠，在院子门内建造了一尊自己的大塑像，塑像的肚子是空的，装满了金银财宝。他想得长远，将来自己死了，那败家子儿把田地卖光了，也不会把他老子的像扔在这里。到那时他要搬像，发现这些金银财宝也就不再卖田地，要是回心转意，也够他吃喝一辈子了。

不久，田大顺去世了，几个姨妈都纷纷离开了，田继业竟像一个没有笼头的小马驹，任跑任跳，想怎么着就怎么着。家里没人管教，成天拿着银两

去逛窑子，去赌博，去抽大烟。一年光景，老子留的千顷良田、一圈骡马被他卖个精光。

田继业卖完了家产，又卖那两座大院子。他刚把钱拿到手，人家买主说："姓田的这院子没你的份了，把你老子的像搬走。"

田继业听了"哈哈"一笑说："这好办。"说完找一根大绳子，往他老子脖子上一拴，说了句，"老爹，孩子无脸再见你老人家啦！"说完用劲一拉，扬长而去。

忽然，他身后买主叫道："你慢走，这里边还有东西哩！"

田继业生怕人家让他搬那些乱泥块子，忙打哈哈说："不要了，不要了。"

买主又道："你不要了，可全是我的了。"

"全是你的，我一块也不要。"田继业说着头也不回地跑了。倒在地上的田大顺塑像看着远去的儿子，干枯的眼睛流下了泪水。

有毒的"预防针"

——小从的故事

◇尚海涛

每当看到小从欢快的身影，我就会想起发生在去年的那一幕，想起自己3个月来精心设计的"连环计"！哎！我的肠子都快悔青了！

那是一个星期一的上午，小从突然跑到办公室找我。对于他的"来访"我感到很意外，因为近3个月来我们之间一直"相安无事"：他不给我添乱，我也不找他的"麻烦"。我问道："小从，有事吗？""老师，我想当劳动委员。"哎呦，原来是要"官"的。"当劳动委员干什么？""班里谁也不跟我说话，没人肯和我做朋友，好像我是个坏孩子。我想当劳动委员，多干点活，都快把我憋死了！"原来是这样，看着眼前这个委屈而又无奈的孩子，我的心灵被一种无形的力量撞击着。他哪里知道，这一切都是我精心导演的。

小从的父母都在外地打工，平时他跟着姑妈在镇中心小学读书。由于姑妈工作很忙，父母又不在身边，小从养成了"一身"的坏习惯：打架、骂人、上课时睡大觉、从不完成作业等，是有名的"钉子户"。后来在学校实在是"混"不下去了，去年暑假便回到老家跟奶奶一起生活，同时转到我校读书。通过小从家人的介绍，我对他的种种"劣迹"早就了如指掌。怎么办？不能让他一个人拖垮我的一个班呀！冥思苦想后，终于寻出一条"妙计"。我首先在班内给全班同学打"预防针"，说道："明天，我们班会转来一名新同学，

他很调皮，脾气也很坏，老师把他的座位安在最后面，谁也不许理他，更不许和他玩！如果谁不听话，我一定惩罚他！"你不是顽劣成性吗？不是调皮捣蛋吗？我惹不起，可是我躲得起！我让大家都躲着你，看你咋办？第二天，小从来了。我又拿出第二招：先把他领到办公室，用最严肃的表情和最严厉的口气对他"教导"一番。这样给他一个"下马威"，让他明白：现在的这个老师可不是好惹的，自己最好老实一点。说实在的，从教十余年，我还从没这么"凶狠"过。没办法，面对这样一个"打遍了一所学校"的主，也只能特事特办了。任何时候，我都保持不给他一个笑脸的状态，每当目光移到他那儿的时候，马上就会"晴转阴"。在众多"高招"的相互作用下，一切都在向我期待的方向发展着，小从没能重现昔日的威风，班级秩序井然。说实在的，我不止一次地为自己的"锦囊妙计"而沾沾自喜。

可是看着站在我面前的小从，我恨不得扒个地缝钻进去！这个被我像防贼一样严加防范的孩子，他的心里竟满是希望的火种，他有自己的理想、感受和是非观，他像所有的孩子一样企盼爱、关注和朋友。可是 3 个月来我做了些什么呢？孤立他、打击他、排挤他，处心积虑地一个好脸都不给他。我开始怀疑自己，当小从依旧"老师""老师"地称呼我时，我如何去面对这个纯净如水的孩子？我的妙计更像是阴谋，谋杀了小从纯真的笑、自由的心和许许多多他应该获得的权利。当我为了其他同学，或是赤裸裸地说为了我的一己之私而选择牺牲小从时，我如何去面对"教师"这一称呼呢？这近乎残忍的权力是谁赋予我的呢？

我不能再错下去了！我对他说："小从，同学们玩的是什么游戏？你能教教我吗？""老师你不会呀？""嗯！""当然可以！"我们俩拉着手，欢快地走出了办公室。同学们吃惊地望着我们，看着大家惊讶的目光，我的心情

更加内疚。我主动地向他们打着招呼："同学们，小从教我做这个游戏呢，你们一起来看一看吧！"大家一下都围了过来，和小从一起唧唧喳喳地当着"小老师"。从此以后，无论课堂上还是生活中，我总是积极地帮助小从，经常和他谈心，注意把握他点点滴滴的进步，放大他的优点，使他慢慢地找回自己的成就感、荣誉感。渐渐地小从变了，他变得快乐起来，朋友多了，学习成绩也有了很大的进步。也只有我自己知道，我是在亡羊补牢，也是在救赎自己曾经滑落的灵魂。

如今，一个学年已经过去了，小从的表现一直很好，很受同学和老师们的喜欢，通过自己的努力他当上了真真正正的劳动委员。但对于我，每当想起那一次的"阴谋"，我都在提醒我自己：无论什么时候都不能忘记，我是一名教师，我是在教育孩子们，他们的心灵晶莹剔透，犹如一块洁白的璞玉，等待我去雕琢。切不可用我们成人的某些思维去思量他们、伤害他们，因为我们面对的是世界上最美好的事物——童心。善待每一颗童心，同时找回我们自己那颗也许已经丢失了很久的童心，你会发现，童心真好！与那么多的孩子们在一起，真快乐！

当火车开走之后

◇代昭士

大学毕业了，要到很远的一座城市去。4个同时暗恋她的男生一起去送她。女孩知道，这一去恐怕再与他们无缘了。

火车就要启动的时候，4个男孩似乎都想说什么，女孩笑着问："你们是不是舍不得我离开呀？真舍不得就跟我走呀！"

4个男孩神情戚然，一时都不知道如何是好。就在车门架快要收起的时刻，其中一位男孩飞身跃上了火车，冲到女孩的座位上，把她紧紧抱在怀里。

女孩没有拒绝。她靠在男孩的肩头，泪水浸湿了他的衣领。

站台上的3个男生一下子惊诧得目瞪口呆，还没容他们做出任何反应，火车就"咔嚓咔嚓"地驶出了站台。

1年后，另一座城市，在女孩的婚礼上，其他3个男孩问女孩："你是什么时候决定嫁给他的？"

女孩说："就在他奋不顾身跃上火车的那一刻。"

女孩问："那时候，你们怎么不跟我走呀？"

"我还以为你在开玩笑呢！"一个男孩说。

"当时，我还没来得及做任何准备呀。"第二个男孩说。

"我原想，来日方长，我们可以从长计议。"第三个男孩说。

各有各的理由，可是，启动的火车不会为这些理由而停留。

只坐一个座位

◇佚　名

一天，曾教授在英国乘坐地铁时发现，乘客很少，车厢里有不少空座位。

但令人费解的是，一位母亲抱着一个四五岁的小男孩，合坐在一个座位上。

母亲对于身旁的空座位毫不理会，像是没看见一样。小男孩很胖，挤坐在母亲的腿上，母亲的脸上沁出了一层细细的汗珠。

是孩子生病了？曾教授怎么看也不像，孩子红红的脸蛋，很有精神。

地铁停了一站又一站，旁边的座位始终空着，母亲心如磐石，一直抱着小男孩。

到达终点站后，曾教授好奇地问这位母亲："你旁边的座位始终空着，为什么一直把孩子抱在腿上，不让他坐到空座位上去？"

这位母亲笑了笑说："我只买了一张车票，就只能坐一个座位，我不教育孩子从小去侵占国家和公共的利益，那样做我会很羞愧的。"

为人之母实属不易，更难得的是做一个无私的母亲。

蚊子和乞丐

◇韩清华

一只饿得快要死的蚊子，有气无力地飞着，他正在寻找吃的。这只蚊子边飞边说："哪怕让我喝一口人血，以后我再也不咬人了。"

刚巧，他的话让一个饿得半死的老乞丐听到了。老乞丐想：反正我也快要死了，就算是做件好事，让这个"觉醒"的蚊子吃一口吧！

于是，他就对那只蚊子说："蚊子，你过来，喝我一口吧！"说着老乞丐捋起了袖子。

那只蚊子听了，眼睛一亮。噢，有送上门来的了。他用力拍打着翅膀，一下子就飞到老乞丐皮包骨头的胳膊上，他狠命将针状的嘴扎下去。这一口，足以插到老乞丐的骨头了。

老乞丐哆嗦了一下。

蚊子喝到了人血，感到格外舒服，他根本不想把嘴拔出来了。又对老乞丐说："可怜可怜我，这一口仅湿了湿我的嘴唇，再让我喝一口吧！"老乞丐听后，一咬牙，说："行！"

这一次，蚊子又把他的尖嘴往里插了插，新鲜的血又流到了他的嘴里。

老乞丐又哆嗦了一下。

喝了这一口，蚊子干瘪的肚子有点鼓了。可是，他还是不肯把他的尖嘴拔出来。他又说："可怜可怜我吧！这一口仅润了润我的嗓子，再让我喝一口吧！"老乞丐脸色发白，咬紧牙说："行！"

　　蚊子一听喜不自禁，他把尖嘴又使劲往里插。这时，血就像泉水"咕咕"地流进蚊子的口中，他的肚子就像打入气的轮胎，胀鼓胀鼓的，可以透过肚皮看到里面红红的东西。

　　老乞丐哆嗦个不停。

　　此时，那只蚊子想，我要把明天、后天的饭也吃饱，省得以后再挨饿。他又对老乞丐说："可怜可怜我，这一口仅到了我肚子里，我还很饿，再让我喝一口吧！"老乞丐脸色灰白，合上双眼，牙关咬紧说："行！"

　　"泉水"又不断涌进蚊子的肚子里，他的肚子胀得没法再大了。

　　这时只听得"嘭"的一声，蚊子的肚子爆炸了，血肉横飞，惨不忍睹……

　　老乞丐无力地张开眼睛，看了看，笑了。接着，他又无力地合上了双眼……

留　言

◇李佑生

"如果你有贪玩的童年，就会有奔波的青年、辛苦的中年和悲惨的晚年。"我在一个男孩的语文书上郑重地写下这句话。上周六，我参加了县里组织的《科学发展观》的两场考试，考场设在一所中学。考完一场后，我想找点书报看，就掀开了课桌。从满桌乱放的书本和文具看，这是个男孩子的，读九年级了。我拿起他的语文书，因为新课程改革，很多课文都是我读初中时所没有的。我饶有兴致地看起来。看着看着，心里就不是滋味了，因为书的天头地脚等空白处，都被他划得乱七八糟，不是卡通人物，就是流行的歌词。再翻翻他的作业本，果然错的比较多，字迹相当潦草，有好几个大大的"重做"字样。很显然，这孩子对学习不上心，估计成绩不会好到哪儿去。

"这孩子，就知道贪玩。"我心里叹息到。职业的习惯驱使我想要为这个男孩做点什么。于是我在他的书上写下了上面那句话，想了想，再补上一句"学习必须要认真，一个大哥哥真诚对你说"。放下笔的一刹那，恍惚觉得这一幕似曾相识，于是我静静地搜索过往的年月，思绪不禁飘到昨天……

我曾是一名后进生，好不容易考上了镇上的初中。十四五岁了，但我对学习始终找不到感觉，上课不专心听讲，在书本上乱涂乱画，给插图的人物戴眼镜、描胡子，经常欠交作业，成绩一塌糊涂，父母和老师都很着急，找我谈心后我也下决心要努力了，但过了几天，我又重蹈覆辙了。我时好时坏，这状况一直延续到发生这件事——

星期一到校后，我掀开了课桌，意外地发现我胡乱放着的书本被摆放得井然有序，显然是有人动过我的课桌。一问，才知是上周六镇上的干部考什么试。待我翻开语文书，那里夹着一张巴掌大的纸条，上面写着："小弟弟，你的作业太马虎了，你的学习态度会害你一辈子的。一个人要想有所作为，不努力是不行的，我真诚地对你说：学习必须要认真。一个陌生的大哥哥。"

看完纸条，我的心在猛烈地跳动，手也颤抖着，像是我的隐私被曝光后的慌乱。每一个字都像是灼灼燃烧的火苗，烫着我的双眼。老师和父母也说过同样的话，可是没有这张纸条带给我的震撼那样巨大，字字句句如雷声撞击我的耳膜。我真的是在荒废时日，浪费青春啊。想起老师和父母那诚挚而温情的目光，我心里泛起隐隐的疼。同时，心底的温暖又如水漫溢：有这样一位素不相识的大哥哥在诚恳地劝导我，我如果还不认真学习，岂不枉费他的一片苦心吗？

此后，我像换了个人似的，全身心投入学习中，成绩越来越好了，中考时考上了师范。

其实，直到现在，我都不知给我留言的是谁。但一直以来，我始终心存感激，并以他的殷殷嘱托为动力，踏实地做好我的本职工作。

今天，我仿效"恩人"给这个淘气的小男孩留言，既是对"恩人"的感激，也是对男孩的期望。我想这个男孩看了我的留言后，如果能在他的内心产生一点震撼并促使他从此努力向上，我就感到很欣慰了。

考完试，我轻松走出考场。天很高很蓝，云很轻很白，冬日的阳光温暖地照在身上，我的心里很是欢悦……

家　访

◇郑祖国

两个简易的蜂窝煤炉子。一个炉子上的小锅里煎着焦黄的土豆，旁边的水桶里还装着满满的一桶。另一个炉子上烧着一个大锑锅，锅里冒出阵阵白气，母亲熟练地从里面夹出一块卤豆腐，放在一个小塑料碗里用剪刀夹成细块，浇上些辣椒水，递给客人，随手收过五毛钱。炉子前边摆着一张小方桌，还有几根矮凳子，一把大伞挡住了淅淅沥沥的雨点，也吸引着三三两两过往的人群。

"老师好！"女孩看见了我，有些激动，也有些意外，停下刨土豆，在围裙上擦了擦手，放在嘴边哈了口热气。在一阵白雾中，我看到一双通红的小手，心里有着一丝酸楚——星期天，其他孩子不是在玩电脑，就是足球踢得正欢……

"作业做好了吗？"我注意到放在一边的小书包。"好了！昨天晚上做了一些，剩下的刚才抽空做完了。"好一个懂事的孩子，我爱怜地摸摸她的头。

孩子是本学期从邻近县的一个偏僻山村里转学来的，最近好像有什么心事，整天闷闷不乐的，上课时也老走神。特别是这次开校运会，她本来在选拔赛中跑得很快，但是体育委员怎么动员她也不参加。农村来的孩子是能吃苦的，这也是她向大家展示自己的机会，怎么会不参加呢？凭着十几年的教育经验，我隐约觉得中间有什么问题，就想来看看。

"是不是孩子在学校做错事了？"母亲似乎对我的突然来访有些疑惑和不安。"没有。孩子在校挺好的，成绩也有提高。"我在一根矮凳子上坐了下来。

"做这个小生意也不容易，每天起早摸黑，很累，就希望她能好好学习。原来在村里成绩还行，可现在是在城里，城里的教育质量咱村里可没法比。如今政策好，不收学费，才有了这个机会，我就告诉她一定要努力赶上。"母亲一边说一边忙着，看上去确实是一个很能干的女人。

"尝尝我的手艺，才学做，看还行不？"母亲递过来一碗卤豆腐。"哦，不！"我拒绝着。

"老师，尝尝吧！"女孩的眼里露出期待的目光。说实在的，我胃不大好，一般是不大喜欢在街边吃东西的。迟疑了一下，我还是接了过来，吃了一小块，顺口说了声"好吃"。女孩很高兴。

"生意还好吧？"我试探着问，"还行。有时一天还可以挣30元左右，一个月下来除去开支，还有些结余，我准备存下来，将来送她读初中、高中，只要她行，还要供她上大学呢！像现在这样，是能够保证孩子读书的。就是难为孩子，放学回家要完成作业，还要帮我做些事情。"母亲卖出两个卤鸡蛋，又忙着往炉子里换煤球。

"老师，喝水！"孩子递过来一杯热气腾腾的开水。"真能干！"我接过话头，"老师像你这么大的时候，也一样能帮家里做事了。虽然现在生活条件好多了，但是你还是和老师小时候一样能干！"

"真的？"孩子有些不相信的样子。

"真的！老师也是农村出来的，小时候除了读书，还要帮家里打柴、放牛……什么都做。"我喝了一口水，接着说，"小时候吃些苦能使人变得坚韧。

你这么能干，将来肯定比老师还行！"我看见孩子的眼里闪烁着激动的泪花。

"老师是不是为运动会的事找我？"孩子看了看妈妈，凑过来小声说。"怎么？能说说吗？"我笑笑，也小声地问她。

"我没有运动鞋，我怕同学们取笑我。"她迟疑了一下，"不过我答应您一定去参加比赛。"

"哦？哦！原来这样。"我明白了是怎么回事，有些不安，看见她们也正忙着，站起身准备告辞。

"其实也没什么。"她反过来安慰我，"只是别告诉我妈妈，我不想增添她的负担……不穿运动鞋我一样跑得挺快的！"她朝我笑笑，笑得很开心。

第二天早上，我在办公室的门缝里发现了一张字条。"老师，以前我认为，乡里的我与城里的孩子永远是无法比较的，虽然我努力了，但是差距依然没有缩小，我有些失去信心。是您及时给了我勇气，我一定会加倍努力，将来像您那样成为一名好老师。谢谢您，老师！"我很欣慰，一次普通的家访，收获的远在我的意料之外。农民工的孩子总是更容易陷入自卑的泥沼，但是心理上的这个坎一旦过去，我相信陪伴他们的将是更加美好的春天。

我也在昨天买回的运动鞋里夹了张字条："贫富不是我们能选择的，人生却是自己创造的，我们要用贫穷磨砺自己去创造绚丽多彩的人生。老师愿意送你一双运动鞋，陪你在人生之路上健步如飞。"

放羊的孩子

◇王　洁

《狼来了》是一年级思品课的经典故事。多少年来，人们每每教育孩子不要撒谎时总要提到它。故事中那个放羊的孩子，在人们心中俨然成了撒谎者的代名词。

一日教学，故事导入，学生讨论。孩子们高举着小手，用稚嫩的声音指责着放羊的孩子。眼见一堂课要圆满结束了。忽有一生，大声喊道："老师，我知道放羊的孩子为什么要撒谎。"咦，有趣有趣，是啊，那放羊的孩子为什么要撒谎呢？我还真不知道这答案呢（也压根没考虑过）。孩子举起了课本，指着书上的插图："老师，您看，放羊的孩子一个人站在山上。农民伯伯都在山下。他太寂寞了，想找人陪他说话，所以才说'狼来了'。"

一惊，一愣。寂寞？放羊孩子的寂寞？恍惚间，眼前仿佛幻化出一个八九岁大的孩子，无人理睬，孤单地坐在山上。放眼望去，空无一人，能听到的唯一声音，就是那几十只羊的"咩咩"声。生性活泼的孩子，在这样的环境里，该是怎样的心情。他渴望关怀，渴望交流，渴望着山下劳作的人们能抽出时间听他说说今天发生了什么，和他谈谈地里又有什么有趣的事儿。可忙碌的大人们，谁又会记得起他呢？陪孩子聊天，听孩子倾诉，在人们眼中，实在是小题大做的事情。就这样，被忽视的孩子选择了用撒谎来唤起人们对他的关注。在一个千古流传的故事中，孩子小小的心愿被无声无息地悄

悄掩埋。

　　回头想想我们教育下的孩子，他们做的那些错事中，又有哪些事的原因和那个放羊孩子的理由是一样的呢？忙于工作的父母，管教着一大班学生的老师，未必能使每个孩子都得到他们所希冀的那种关注。为了长辈能多注意自己一点，孩子在缺乏判断力的情况下做出了种种错事。事后，父母的责骂，老师的呵斥，在孩子心中，竟也是一种快乐。他——终于得到了希望中的"关怀"。

　　曾有一个朋友和我提起她的童年。父母失和，争吵不已。小小的她很"聪明"地发现，只有当自己犯了错误时，父母才会口径一致地教育她。为了父母不再争吵，她学会了偷钱。父母怒不可遏，她却十分地开心与得意，因为父母终于如她所愿，不再争吵。偷钱，对那时尚未有太多是非观念的她而言，只不过是制止父母争吵的最有效手段。一次，两次……直到朋友父母关系改善后，朋友才自然而然地收手。如果，如果父母的关系没有改善呢……

　　孩子做错事，理由有千种万种。面对他们，我们到底是该怒气冲天地一味指责，还是该多问几个为什么，多去认真地探究一下，孩子心中到底想的是什么？时刻想想孩子心中的理由，那个他们不肯言明的理由。多问问自己，对于孩子，我们是否关注得太少太少。

　　那一堂思品课，孩子们讨论得很热烈。他们为放羊的孩子找出了无数的解决方法，也能肯定用撒谎来换取关注是错误的行为。孩子们学到了很多。而我，学到的又何止是这些！

　　在这个世界上，究竟还有多少个放羊的孩子？

窗里窗外

◇林燕清

又是新的一天，阳光依旧那么灿烂。

在这个偏僻的小山村的学校里，"叮、叮……"的铃声依旧持续着那不曾变更的旋律，只是清晨的广播声中不时传来有关课程改革的消息，不时撞击着这沉睡几十年的边远老校。"改变课程实施过于强调接受学习、死记硬背、机械训练的现状，倡导学生主动参与、乐于探究、勤于动手……"已经烂熟于耳的课程目标已然深入人心，每一位教师都在编织着美好的课堂理想。每每凝视着电视上教学实录片中那些学生熟练地摆弄着各式各样的学具，那些老师潇洒地运用着多媒体层出不穷的功能时，他们望洋兴叹，为之感慨，面对着一根粉笔、一本教科书外加一个小黑板的教学资源，如何来实现学生学习方式的转变？老教师说："熬着点吧！"年轻教师说："改一改吧！"

又是新的一节课的开始。

窗里的情景感人。

一位头发斑白的老教师一手只拿着一本教科书，另只一手熟练地在黑板上画了一个圆，一遍又一遍地为学生讲解着圆、圆心、半径、直径……原来，他在教学生学习那"圆的认识"。几十个学生整齐划一地坐在并不整齐的课桌椅上，仔细聆听着老师一遍又一遍的讲解，那么专心，谁也不乱说一句话，谁也不敢乱做一个小动作。在老师沙哑的声音中，学生们终于似懂非懂地点了点头。"叮，叮，叮"，这"传道授业解惑"的神圣职责总算可以松一口气。那场景感人之余，似乎又引人深思。

窗外的景致更美。

操场上，一棵棵丁香花树散发着诱人的清香，一片片新叶不时探出一颗颗小脑袋，它们仿佛也被前边那些孩子的生动活泼所感染了。一位年轻的教师正在场地中央钉一根铁钉。他在两名学生的共同帮助下，用 2 米长的米尺一端固定在铁钉上，拉直另一端绕着钉子转一圈，画出了一个圆。原来，这位老师也在和学生一起学习"圆的认识"，他充分利用了操场这一教学资源，让学生走出教室学数学。只见他让学生摸摸圆心，让学生站在圆内、圆外、圆上，学生验证着圆上任意两点过圆心的那条线段最长，它就叫直径……整堂课中，师生在和谐放松的状态下，通过自己的画、量、猜测、验证等多项活动创造地发现了圆的许多知识。学生经过这堂课获得的并非仅仅是知识本身，更重要的是态度、思想、方法，这可能使他们终身难忘。

下课铃已响，学生们还在操场上乐此不疲地画着圆、想着圆，他们想从圆身上发现更多、更有趣的东西。一群孩子跑过来，加入了他们的行列。年轻的教师站在一旁，望着在知识海洋里自由自在遨游的学生，欣慰地笑了。他似有所悟地回味着新课程里这样一段话："教师对于教材的使用，更多地应该强调把教材作为课程资源来使用，根据自身实际创造性地使用教材，体现个性化的风格和特点，而不是生搬硬套地教教材。"今天的这一堂课，让学生走出教室学数学，让数学和活动相连，引导学生自主参与，主动发展，教师教得轻松，学生学得愉快，何乐而不为呢？

望了一眼熟悉的地方，年轻的教师信心倍增。原来，学校虽小，条件虽差，只要思想不老，观念不老，乘着课改的春风，小山沟里也会飞出金凤凰。

教学资源无处不在，只要有心，一切为学生着想，偏僻山区也能赶上课程改革的步伐。

窗里的情景感人，窗外的景致更美，在课程改革的浪潮中，愿窗里和窗外的景致一样美！

真有从不后悔的学生

◇黄瑞夷

这是一所很有名的学校，聘请我教五年级学生作文，我想这样的名校的学生一定很了不起，知识面广，课堂活跃，上课时一定会有许多学生提出一些古怪的问题，让我答不过来，甚至被难倒下不了台。

我很心虚地走进教室，带着很灿烂的笑容和学生一一认识，很谨慎地上了第一节课，学生确实很不错，不过没我想象的那么"牛"，我在课堂上的幽默表现，"吊出"了学生的好心情、好思维，也"吊出"了学生的"放肆"，让我今后面临极大的挑战。

不过这节课里，让我大为吃惊的是——有一个脸蛋十分姣好的女生，她明澈的双眸，让我感到亲切。课中课后我都在思索，是什么让她给我如此良好而又深刻的印象。好久，我才想起来，原来她长得像我以前教过的一个很乖巧、写作能力很强的学生，难怪一见面就有种熟悉的亲切感。从此，我对她有了更多的关注。

每次课前，我都提早到教室，等她到来，坐在她的桌前和她交谈写作心得，了解她写作上的不足，有针对性地指导。课中特别注意她的反应，每次巡视都必过她的身边看她写作的进展，心里只希望她长相如以前的学生，作文水平也如以前的学生，成为班上的佼佼者。让我奇怪的是，她长得很漂亮，但从那明澈的双眸里，我看不到有兴奋、感恩的神情，这是她与我以前的得

意门生唯一不同之处，我创造了许多让她表现，而又能得到同学肯定、羡慕的机会，多么想从她眼里、表情里看到那种不是冷漠而是有温情的神态，但都让我失望了。

几周过后，有少数学生适应不了我的情境作文，建议我上作文课要先出题目，然后读范文，再分析，最后让他们仿写，这样才有上作文课的感觉。还有一位学生说，要写书上的作文，他才能写上一页多，如上周写的《记一件后悔的事》就写了300多字。我明白了他们的习惯，便顺势说："那好，下节课我们就再写一次《记一件后悔的事》。"当然，反对者马上站出来，大声嚷："我没有后悔的事可写"。我看到了这位女同学一脸的不高兴，她很坚定地说："我从来就没有后悔过，根本不知道什么叫后悔。"听了她这话，我便想顺势创设一个情境。于是，我宣布几个同学回去完成一项作业，听父母讲他们小时候的故事，并指名这位女同学第一个与大家分享。他们有一周的时间准备，我想这肯定没问题。放学后，我又特意和这名学生一起走了一段很长的路，跟她讲了许多有关作文方面的技能，特别是怎样捕捉生活信息，使它成为很好的作文素材，她听了很高兴，不住地点头。最后，我再三交待，一定要完成这次作业，给大家开一个好头。她开心地满口允诺。

第二节上课，我在黑板上写上"一件后悔的事"六个大大的字，然后说，上课之前我们先来分享一下上周布置的故事作业，按上节课计划先请某某同学和大家分享。她坐在座位上一动不动，脸略有些红，小声地说："我回去没有向爸爸、妈妈讲要听他们小时候的故事。"我想这正是让她后悔的时候了。于是说："哦，上周就讲好的，不管怎样，你都得上讲台和大家说上几句，来，大家鼓掌欢迎。"在同学们的掌声中，她无奈地走上了讲台，红着脸说："我没有问父母，所以没有故事可讲。"说完斜了我一眼，我趁机说："唉！

要是回去完成这一作业，就不用这么窘迫了。"她又白了我一眼，回到了座位上。我又插了一句："后悔没完成作业了吧，当时老师可是有言在先且再三交待了，而且你也满口答应的。"她从牙缝里挤出了四个字"才不后悔"。我真无奈怎么有这样的孩子，为了让她有这个"悔"的体验，我决定求助她的父母，便又给她布置了一项作业："你回去把今天的课堂故事讲给你的父母听听，下节课把你父母的反应告诉我，好吗？"我想她父母一定会说："要是早点问他们，完成了作业，不就没有这种被动了吗，看来还真该后悔自己粗心了"。让她父母的话引发她的悔情。我就抱着这样的幻想期待了一周。

又到上课时间了，我一上课就迫不及待地要她公布父母的评价反应，希望与心中的预想一致。她不屑地看了我一眼，带着讥笑的语气说："我妈说，怎么会有这么变态的老师，逼学生上讲台，我妈让我问一问你，老师是不是有病？要不就是变态。"天哪！我真的差点晕倒，怎么会有这样的家长。我全心投入的教学，精心创设的意境，结果后悔的不是她，而是我了。

我终于理解了她为什么"从来就不后悔"，也理解了我为什么从来无法从她的眼神里看出感激、感恩之神。我所有的信心在她挑战的语气中全然消失了，我感到自己对她所付出的关注，在她得意的神情里全都化为乌有，培养出孩子这样的特性不仅是我的失败，更是学校、家庭教育的失败。

是否要感化培养她有所尊敬、有所畏惧，以及怎样感化她，成为我又一个教学上的难题。

老师生气了

◇陈铭婉

我在少年宫上三年级的作文课，学生来自各个学校。这天早上的课，我在黑板上画了人物的喜怒哀乐四个表情，让孩子为这些画配上合适的词语，然后选择其中的一个进行半命题作文：（高兴、生气、流泪、笑了），要求学生讲讲关于这个表情的故事。

我思忖着：出这样的题目，一来习作的题材放宽了，学生有自由选择的余地，二来贴近了他们的生活，写起来比较顺手。这次交上来的作文肯定内容丰富，孩子们一定会畅所欲言。

作业收上来之后，我惊讶不已，全班 42 个孩子，有 38 个不约而同地选择了《老师生气了》这个题目，这么多人选择"生气了"就已让人吃惊了，而且描写的对象全部是老师！难道这就是孩子眼中真实的生活？难道这就是老师留在他们心中的形象？这与我自己班上学生写的老师反差多大呀，"和蔼可亲、循循善诱、平易近人"总是孩子们文中的主题。也许我不是他们学校的老师，不会对他们构成威胁吧，因此他们在我这个"陌生人"面前吐真言、讲实话了。

逐个批改他们的作文，孩子们无拘无束的描写令人忍俊不禁，也发人深思。每读一篇作文，都像欣赏一幅肖像画，而这些肖像，总给我似曾相识的感觉：

　　星期五第一节课，铃声响了，吴老师走到教室门口了，还有很多同学仍在吵闹，吴老师火冒三丈，她走到讲台前，用棍子使劲地敲桌面，大声说："读什么书啊，干脆不要读了，来，讲话啊，吴老师才懒得生气，来，有什么话快讲。"这时，大家都安静了，教室里鸦雀无声。吴老师又说："眼保健操也不好好做，昨天又被扣分了，要把吴老师的嗓子喊破了，你们才甘心呀？"我们都低声说："不是。"老师罚我们抄了三遍课文，这节课，我闷闷不乐的。

　　昨天，上第四节课的时候，老师本来想发本子让我们写生字的，一听到又要抄写生字，大家都嘀咕开了。老师气得把本子砰的一声往讲台桌上一扔，本子掉了一地，我们都吓了一跳。老师对李微说："捡起来！"老师一手叉着腰，一手指着我们说："你们看看自己的作业本，错得一塌糊涂，连最简单的写词语都会错，叫我怎么教你们？"说完，她拿起一本作业一撕，扔进了垃圾桶。同学们都吓呆了，一动不动地坐在椅子上。结果我们被罚坐了一节课。哎，都怪我们太不听话了，要是乖一点就不会挨骂了。

　　昨天数学课，我在玩铅笔盒的时候，被数学老师发现了，她突然走过来，把铅笔盒从我手里夺走了，这下惨了，我的铅笔盒又要惨遭厄运了，我赶紧死死抓住铅笔盒不放。老师瞪圆了眼，大声说："还敢犟？"她用力一抽，拿走了铅笔盒。老师边晃着铅笔盒，边骂："你看你读什么书，你妈交的学费都扔进池塘了，不好好听课。整天就考六七十分，干脆回家睡觉得了！"说完，她把铅笔盒往窗外一扔，铅笔盒掉在地上，盖子掉了。

　　我哭了，老师肯定不会赔的。我很烦恼。晚上，我梦见校长把数学老师臭骂了一顿，还罚她在操场跑了三圈，后来数学老师被一块石头绊倒了，摔得鼻青脸肿的。

　　孩子们稚嫩的语言背后，透露出教育者的悲哀。为师者用心良苦，为了求得课堂纪律的"规范""有序"，不得不使出百般解数，软硬兼施；诉苦加责怪，求得学生的同情，发展到发泄怒火，恶语相向，甚至发生了暴力行为。这样的课堂，缺乏了温情，丧失了理智，教师在学生面前扮演的是一个动辄拍桌子、撕本子的角色，孩子们从何获得真善美的滋养和熏陶？以"为你好"为名，堂而皇之地行使驾驭、控制、统治的权力，这是一种野蛮的教育行为。学校工作规划里常有的"德育为首"，其根本的目的就是培养正直善良的人，而且现有的教材里无不体现着情感态度价值观的目标。我们辛辛苦苦工作的老师，高举德育的旗帜，却做着违背教育本质的事情。

　　不难想象，这样的教育环境中，培养出来的孩子能有什么活泼、独立、自主的人格？一节课有这么多的"不敢"，偌大一个中国，有多少学校，多少孩子，有多少的"不敢"？前几天有一位外国客人来学校参观，宾客到来，老师们十分认真，教室里秩序井然，孩子们双手叠放桌上，挺胸收腹，"神情专注"。老外十分不解："为什么你们的孩子上课都坐成那样呢？"在他看来简直不可思议，40分钟，要规规矩矩地坐着听课，大人都难以做到，何况天性好动的孩子？过分集权制的课堂里走出来的孩子要么唯唯诺诺、缺乏主见，要么充满暴戾反抗的心理。想想真是可怕，如果都是这样的孩子来接班，我们的未来会是什么样子？

　　今天的教师面临着更大的压力，在职称、考试、荣誉的影响下，老师更容易"生气"了，"生气"是个可怕的字眼，因为老师生气的结果会直接作用于学生身上。压力越大，就越需要我们对自己的教育行为不断地反思，不断地提升自己的教育品质。有了教师的发展，才有教育真正的发展，我们就更有希望建立一个平等、民主、充满关爱的社会。

当老师真好

◇李桂兰

家乡有句谚言："下里巴人吃青果——丢了又去捡。"意即初尝青橄榄，味儿甚是苦涩，待丢弃后感觉嘴含甘露，便又拾起重嚼。此话虽不够雅，却道出了青橄榄余味无穷的特点。

回顾二十余年所走过的教师生涯，也真能感觉出这份职业的青橄榄味。从教初始，看着朋友们或从政，或经商，个个有着丰厚的收入，心中很是不平衡：论才干不比他人差，为何独选这份清贫的职业？硬是有种跳槽的冲动。再后来随着应试教育的愈演愈烈，几篇文章翻来覆去地分析，几个片断翻来覆去地要求学生解释，几个问题翻来覆去地解答……全是为了一张试卷，在课堂上折腾学生的同时也折腾着自己：因为学生考试成绩的高低既决定着他们能否进重点中学，也决定着我是不是一个"称职教师"。我便只好如此这般地把学生当做知识的"复制机"，因此更是想改行。

然而一件小事使我对教师职业产生了一种特有的感情。几年前一个秋日的下午，我在带学生去看电影回家的路上，当时正推着一辆自行车，手提包放在车筐里，在穿过县城闹市中心时，忽然觉得车轮滚不动了。转头一看，后轮被一段铁丝卡住了，待我蹲下取出铁丝时，街道两旁的店主便告知我：手提包已被人偷走了。此时我才明白车轮被卡原来是行窃者的伎俩。想想手提包内的各类证件，不少的钞票，一串有各类用途的

钥匙，我心中甚是懊恼，便迁怒于店主们："刚才那人在偷包时为啥不喊？等到物去人空才说？"谁知旁人皆说："如今这世道谁还这么傻？英雄勇斗歹徒负伤累累亦无人问津，何况你区区一个手提包？如此一说，我无言以对，只得自认倒霉。就在这时，没想到我的学生——小学生，却勇敢地站出来，他们穿街走巷，待两个行窃者从一死胡同里走出时，便毫不畏惧地指向窃者说："就是他们偷的！"两个窃贼还想抵赖时，学生们早已将他们团团包围，两位窃贼只好交出赃物。此情此景，我终生难忘！

　　回到家中，心情久久不能平静，在世风日下的今天，在我遇到困难的今天，唯有我至亲至爱的学生为了老师能如此勇敢，献出他们的爱心。还有什么可以替代这独有的情感？从此我深深地爱上了我的学生。

　　如今人们对应试教育有了反思，在提倡素质教育的今天，我更感到此生选择的职业——教师，真好！

我为学生叫好

◇陈东方

我曾为市级范围的观摩活动提供了一堂现场作文指导课。那天，我空着手走进教室。这一反常的举动引起了全班同学和听课老师的好奇心。"今天这节课，陈老师想给大家介绍一位新朋友！"我神秘地笑着走出教室。当我再次走进教室时，同学们嘁嘁地议论开了，甚至有人笑了起来。原来我手里提着一个鸟笼。

望着在鸟笼里惊慌失措的小生灵，同学们眼睛睁大了，神色严肃了。一个男同学站了起来："老师，待会儿我们把小鸟给放了！"其他孩子纷纷响应。我满意地笑了（这正合我意！）。课堂随着我的引导、点拨顺利地进行着，同学们饱含关切之情描述着小鸟儿可爱的外表和不幸的遭遇。我紧接着问同学们："那么你们说，哪里才是鸟儿真正的家？"孩子们齐刷刷地举起了小手："树林""森林""大自然"……"为什么？"我穷追不舍，孩子们又联系他们已有的知识经验和生活经验滔滔不绝地说开了。我抓住时机出示了课件，把一个清新、明丽、幽美的晨景展现在孩子们面前：这是一个大森林，那里群鸟纷飞、百鸟争鸣，一派生机勃勃的景象……

课堂教学随着孩子们对小鸟的感情加深不断向前推进。我至今无法忘却的是孩子们那一个个关注生命的眼神，无法忘却的是一句句发自童心深处的稚语。孩子们不用我多提什么要求，早已禁不住挥笔疾书。尽管剩下的20分钟写不了太多，但在作品展示时，竟有那么多学生写出了自己的感受

和想象，联想到自己在家也仿佛小鸟一样，没有自由，身边缺少朋友，同时又想象着鸟儿怎样自个儿飞回家，想象着鸟妈妈在家如何焦急地盼着自己的孩子。那一行行出自孩童之手的敢于抗争和充满同情的真挚话语，博得了听课老师的阵阵掌声。

学生们不拘形式的自由表达，令我畅快不已，成功的喜悦早已写在我的脸上。临结束时，我提起鸟笼对大家说："同学们，上课开始时，不是有很多同学急着要把小鸟放飞吗？谁来了"我正等着哪个同学来给我"画一个圆满的句号"呢，万万没想到全班同学愣坐着一动不动，我惊诧了。这时，一位女同学站起来："陈老师，还是不放吧！""为什么？"我真有点儿急了。"嗯，要是它又遇到坏人，把它给打死了，那该怎么办？"一石激起千层浪，"是呀，要是它饿了怎么办？""它可能碰到一只馋嘴的猫，会有危险的。""下大雨它懂得避雨吗？"……听着这一串串话语，我感动了，竟然忘了课前设计"放鸟"这一环节，激动地告诉孩子们："很好，这只鸟就交给你们了，希望你们好好待它！"这当中绝没有"灵机一动"之感。

在评课会上，当我还沉浸在课堂浓浓的人文情怀中时，再一次令我吃惊的是，绝大部分外来听课的老师在对我富有个性的作文指导课上师生的表现给予高度评价之余，却补上这么一句话："我们坐在后面听课，真替你着急！要是把鸟儿放了，这一堂课就完美了。"有位貌似颇有研究的同行更是引用了皮亚杰的心理学论点，认为"学生正处在具体运算期，只能根据具体经验思维以解决问题，思考问题具有可逆性"，来论证我不把小鸟放了，却把小鸟还给学生来处置是有悖于儿童认知发展规律的。我想，其实不然，四年级学生已经不再停留在具体运算期，他们已经进入"形式运算期"，能进行演绎推理了，即能根据可能的情境进行思维。我只是很有礼貌地简单反驳："这堂课不管在知识学习上，还是在情感教育上都达到了预期的

目标，甚至超乎了意料，而孩子们在交往互动过程中已深切地关注到小鸟的生命与未来，这是课堂教学生成性的充分体现，课前教师是无法预设的。我把小鸟还给学生，只有一个念头：这一节作文课仍在生活中进行着，它远没有停止。"这节课，无论从科学视角抑或从人文视角审视，它都算是成功的！看看仍有几位老师脸上一片茫然，我真难以琢磨，这堂课上他们难道没受到丁点儿感染，难道他们关注的焦点不在学生身上，不在小鸟身上？

现在回想起来，这节作文课的"功德"真正出自对生命的尊重，出自对生命的敬畏，不是吗？我要重复强调一句话："生命，是不可逆的！"

打乒乓球的启示

◇李百灵

"叮铃——"下课铃声响了,学生们都雀跃着跑出教室。和往常一样,女孩子又来邀请我:"李老师,我今天的橡皮筋是新的,很好跳,要不要玩?"我为难地看了看自己的及膝短裙,遗憾地拒绝了。男孩子马上叫:"李老师,跟我们打乒乓球!"我答应着跟男孩子来到了乒乓球区,十几个酷爱打球的男孩子立刻排成一条长龙,要跟我一一对打。这群可爱的孩子似乎达成默契,上来跟我较量,只要一输就立即自动换人,就算只打一个球也好,而我输了要"下台",他们却不让,一直喊"老师不用下!"对我进行起特殊照顾了!

碰到"高手"子炀和小凡,我可就不好意思了,他们发的"下旋球"我根本就接不上,学生还一直鼓励我"不要紧,再多练几次就接得上了。""李老师你很厉害的,我们都打不赢你,他们等一会也会输的。"在学生们的支持下,我好不容易打赢了一球,"高手"立刻被"轰下台"了。听着孩子们的鼓励,想想自己平时对那些学习跟不上的同学气急败坏的样子,实在汗颜不已,如果我也能像孩子们鼓励我那样,多给后进生信心,多给后进生机会,相信他们也会像我一样,对自己更有信心,干劲更足。

和孩子们相处的点点滴滴都是我人生长河中绚丽多姿的花朵,正如孩子们所期望的,我不单单是他们尊敬的老师,我还是他们可以嬉戏、可以倾诉的大朋友。在社会人际关系日渐淡漠的信息时代,还有什么比心与心的真诚付出更加可贵的呢?我珍视这一片天空,也相信在这片天空下成长的孩子必定善良、真诚、乐观、积极向上!

教师要善待"野孩子"

◇王才秀

1999 年 6 月的一天，又有一位个子比我高出一头的年轻人骑着摩托车到学校看我来了。原来，他刚出差回来，得知我病愈出院不久，便顾不得旅途疲劳，风风火火地赶来了。一见面，他便打量了我许久，接着用成年人的口气对我说："老师，你好憔悴，要顾惜身子、劳逸结合……"临别，我送他出校门时，他竟出乎我意料地表现出异常的动情：左手搭在我肩上，右手牵着我的手，俯下身子在我耳边说了一句："王老师，我一直把你当妈妈！"这位高大的年轻人是十年前我为之付出过不少心血的不幸学生——茂生。他因父母离婚，随母改嫁转学，便在我班里读六年级。

提起茂生，有一件事总是在我的脑海里浮现。那是 1990 年的一天，我的一位同事向我告状，说是茂生打了她两拳，还让我看她手臂上留下的两块紫印。这种"学生打老师"的事件我还是第一次遇到，觉得"问题的性质很严重"，便马上在教室里找到茂生，板着脸孔严厉责问："茂生，你干了什么好事？"可我万没想到他不仅没有因为我的发怒而变得"规矩"，相反的，还捏紧了两只小拳头，咬着牙什么也不说，泪水在眼眶里打转。不知哪位同学替他说了一句："是曹老师先骂他'野孩子'的。"此时，茂生的眼泪怎么也忍不住了，就像断了线的珠子大颗大颗地滴在课桌上，也仿佛是滴在了我的心坎上。此刻，我的内心说不出是什么滋味。一方面，责怪自己不该如此冲动，听信同事一面之词便训斥曾受委屈的学生；另一方面，茂生的愤怒

神态让我初次体会到那教师的一句不经意的"野孩子"会给学生带来如此巨大的伤害！于是，我的态度立即恢复了平日的和蔼，把一言不发的茂生带到自己的办公室，好让他尽情地哭出来。可是，我刚让他坐稳，连水还来不及倒一杯给他喝，他就主动地对我说："王老师，您批评我吧！我错了，我不该打曹老师，只是，只是……"我马上阻止他，和颜悦色地对他说："好了，老师全明白了，我并不怪你。刚才是我不好，在事情未调查清楚之前就发火，很对不起你，请你原谅我，好吗？"他一边听着一边怔怔地看着我，哽咽着点点头。接着，我又开导他"男子汉心胸要开阔一些，对人对事都冷静一点，多想想后果。"他听后擦干了眼泪，又点点头，表示愿意接受。

从那以后，他再也不使性子，不仅能尊师守纪、友爱同学，而且处处关心他人。

在现实中，类似茂生这样的"野孩子"屡见不鲜。作为教师，不能歧视他们、冷落他们、疏远他们，而是要善待他们，把师爱给予他们。因为"野孩子"们都有一颗异常脆弱的心，他们渴望被爱，任何讽刺和挖苦都会使他们幼小的心灵受到伤害，蒙上阴影。

时隔十年了，当年的孩子已成为身强力壮的青年了。也许就是因为那次我的"善解人意"呵护了茂生同学的心灵，使他至今仍无法忘怀。近年来，他每次出差归来，总少不了要到我这里坐坐、聊聊……去年六月的那句"我一直把您当妈妈"也许已表达了他的全部感情。

我喜欢上了她

◇陈理双

可能是由于过分的激动，我的话语变得语无伦次。尽管这样，课堂纪律却是出奇的好，教室里静极了。

我环视一下全班，孩子们静静地看着我，一双双美丽的眼睛里流露出一种不舍之情。这时，我意外地发现了角落里的她——小林，竟趴在桌上睡觉。我怎么也不会想到，在我离开这个集体的最后一堂课上，她仍然不能给我留一个好印象，这不是对我这个老师极其地不尊重吗？一种无名之火直冲头顶："小林，站起来！"我严厉地，用甚至连自己也不敢相信的音量喊道。

话音刚落，她缓缓地站起来了。我惊奇地发现，她的眼睛里充满了泪水，泪滴顺着脸颊往下滑："陈老师。"她哽咽着，"您别调到五年级，行吗？我真的不想让您走。"此情此景此话此人，使我完全愣住了。这个倔强得连她妈妈用针头扎手指也不肯哭一声的小女孩，今天竟然落泪了，为的只是想把我挽留下来。我误解她了，刚才彻彻底底地误解她了。我不止一次在心里自责着。不知怎么，抽泣声遍布教室各个角落，教室里失去了原先那种安静。我的视线渐渐模糊了，听到的都是一样的话："陈老师，您别走！"我被孩子们的真情深深地感动了。也就在那一刻，我开始对这个从没喜欢过的小女孩有了好感。

第二天（星期六）中午，我在睡梦中，被一阵敲门声吵醒，开门一看，小林奇迹般地出现在门口，真不知她是通过什么办法找到我家的。"陈老师，

这送给您做个纪念吧！"说着，双手递上两盒磁带和一封信。还没等我回过神来，一声"陈老师再见！"便消失在楼道里。

那天中午，我再也睡不着了，一遍又一遍地看着那封没有盖上邮戳的信。"陈老师，我以前很不懂事，老惹您生气，真对不起！我从邱老师那里知道您是晋江人，这两盒磁带是我爸爸跑车时，从晋江买来的，今天送给您，生气的时候听一听吧……"信不长，错别字也不少，可字字震撼着我的心灵，触动着我的每一根神经。

多好的孩子啊！多么真挚的话语啊！为什么将近三年了，我从没发现过她有任何的闪光点呢？我在这个孩子的心目中能有这般的分量，这是自己从来不敢奢望的呀！

由于特殊原因，我仍然留在三（2）班这个集体。在一次班会上，我向小林同学表示感谢，感激她给我的那份沉甸甸的师生情。这个从小就在老师的批评声、家长的打骂声中长大的小女孩，第一次受到了老师的表扬，开心地笑了，笑得那么甜，那么灿烂。

打那以后，这个被老师们认定是"出窑的砖——变不了"的学生，神奇般地变化着，告状的老师少了，好人好事簿上有了她的名字，学习成绩也提高了。跟过去相比，我对她多了份表扬，少了份批评，每次表扬都给她带来一份的自信、一丝的进步。渐渐地，我喜欢上了这个曾经让我头疼的女孩。

谱写爱的乐章

◇叶福泉

作为语文教师，我最喜欢布置没有命题的周记，也最喜欢看学生的周记。那里是学生心灵自由驰骋的大草原，他们尽情地抒发着自己的喜、怒、哀、乐，记下自己的得、失、功、过，撷取生活中的精彩与失落，汇集成孩子心灵的窗口。多少次，我的心情随着学生的笔触起伏跌宕。最让我难以忘怀的是七年前读过的这样一篇文章：

> 妈妈，我的好妈妈，你在哪里，为什么不回到我身边。没有你，我的日子都快过不下去了。
>
> 永别了，叶老师，我想很快我又要转学了，回到我的惠安老家去了。再见了，亲爱的同学，亲爱的母校。我恨我爸爸，恨那个坏女人。爸爸经常在外面工作，认识了一个坏女人，带着所有的钱和她一起跑到广州去了。我们一家经常因为没钱过着苦日子，好几次要向邻居暂借米来煮饭。爸爸每次回来也只给很少的钱，而且每次都要打妈妈，赶妈妈回老家去，好带那个女人回来。妈妈一次次地抱着我流泪，一次次地想走却没舍得走成，这次，她真的走了……

第三天，这个同学转学了，至今杳无音讯。

面对着这发自孩子内心的绝望的呼喊，我惊呆了，我的呼吸凝滞了，我的心在流血。我为孩子的家庭不幸感到深深的悲哀，更为自己曾经的疏忽不

能给孩子的心灵以慰藉而惶恐不安。同时，这也引起我深深的思考。

教师本身是社会工作者，更是最需要付出爱心的社会工作者。人类在历经漫漫历史长河的洗礼后，传承下来的文化遗产何等的丰富，而且知识的积累正呈几何级数关系迅速增长着。但我们不要忘了人间最真最诚的东西——爱。有了爱，弱小能变为强大；有了爱，心灵不再畏惧寒冷和孤独；有了爱，陌生者成为志同道合的朋友。教育工作者，不仅要有爱，更要有一颗博爱之心，去体会，去发现，去给予，去关怀，去鼓舞，以一己博爱之心去唤醒沉睡的心灵，去拉回悬崖上的野马，去催发遍地春光，去奏响前进的号角。

有一次，我从一位女生的眼中看出了深深的忧郁，我的目光刚投向她，她就移向它处。下课，她居于一角，独自一人，许多迹象表明她需要帮助。我走近她，刚一开口问，她却泪流满面，转身就跑。经验告诉我，此时的她，正游移在进退之间，那扇心灵的门正悄悄地掩着。爱心驱使我又一次试着推开这扇门，与孩子交谈。多次接触后，我的真诚打动了她。原来，她的父母早就离异了，她现在和父亲住在一起。平时靠父亲做些小生意挣钱糊口。前段时间，她发现父亲为了挣钱做出违法乱纪的行为。害怕、担心、忧虑缠上了她，担心唯一的亲人哪一天又要离她远去。从此她沉默了。

我刻意寻找"偶然"机会，借助良好契机与女孩父亲进行了多次交流，从侧面委婉去劝其多为家庭的幸福着想，心急吃不得热豆腐。在班上，我为女孩树立崭新的形象，告诉同学们，她是个勤劳的孩子，每天在家中要做许多的家务，打扫房间、上街买菜、做饭、洗衣服等。同学们对于一个同龄人能做这么多的事感到不可思议，顿时心生敬佩。接着，我又在班级进行团结友爱、互帮互助的教育，给予女孩最真诚的鼓励与关怀。我终于见到女孩有了几个月来的第一次举手，第一次的课文朗读，第一次在班上交流她还不甚流利的习作。当她哽咽地完成第一次的课文朗读时，全班投以热烈的掌声。

教师的工作性质本身就决定了必须要面对形形色色的学生，他们来自不同的家庭，有着不同的社会背景、社会阅历，有着不同的心灵际遇，但是他们却有着共同的特点，那就是他们都是活生生的个体，他们有权利接受最好的教育，得到最大的进步。为人师者，不仅要有爱心，更要有博爱之心，爱他人所不能爱，教化他人所不能教化，帮助他人所不能帮助。我国教育先贤孔子能摒弃善恶观点，做到"有教无类"，这在今天看来仍然是有其积极意义的，是我们要大力提倡的。世间万物皆有生命，从他来到世上，就有其生存的权利，有着与同类平等的权利。

我校有位学生，课堂上经常管不住自己，咬书本，朝同学吐口水，到处乱跑，搞得班级秩序大乱，教师和家长都苦无良策。家长带他到厦门某医院检查后得知其为中度智力障碍。一时间，心中原来对他的满腔不满化为同情、怜悯之情，总想着如何来帮助这个可怜的孩子。经过深入了解后得知，这孩子还是有希望的，他会做简单的加减法，喜欢做游戏，还能写一手不错的字。于是，我要求所有任课老师对他特别照顾，多为该生创造表现的机会，经常为他补课，让表扬常伴其左右。我还为该生建立跟踪制度，经常了解其言行，进而了解其内心活动，然后把握时机帮助其逐渐克制自己的言行。我多次在班级同学面前表扬他，如：你真勇敢，能上台计算数学题……教师的话语、行动上的关怀已使他有了明显的变化，也不像以前那样让同学们讨厌了，同学们也原意和他做朋友，共同游戏了。

或许，正是由于教师的一次谈话、一次关怀，在若干年后的一个夜晚，使摸索中的孩子看到了光亮和希望，记忆中老师的真切关怀鼓舞着他走上有意义的人生旅途。也许我们的努力无法改变现状，所产生的效果是轻微的，甚至是看不出任何效果的，但是我们曾经的努力是不会被辜负的，我们一定会成为一个有价值的人。

学生什么时候才认真

◇王桂珍

上学年，我教五年级（2）班数学，这个班学生团结、活泼，在学校里算是很活跃的一个班级。但是成绩却始终不是很好：每次考试该考"优"的同学经常考"良"或"及格"；该及格的考了个不及格。这是当老师的最懊恼的事情。虽然我一再强调做事情一定要认真，不能粗心大意，每次考试前总要给几个特别马虎的同学几句忠告，可他们总是粗心有余，细心不足。如何改变这一状况呢？我伤透了脑筋。

统考即将来临，毕业时间越来越近。有一天，几个班委对我说："王老师，等统考后，您跟我们一起去玩一天，好不好？"我笑笑说："好呀，不过你们要考出好成绩。"他们说："老师，您说的是不是第一名，说话算数！"真是稚气的孩子，我又对他们笑了笑。

过了几天，统考结束了，我班数学成绩在同年段五个班中遥遥领先。我不敢相信，这是我带这个班两年来所追求却不曾有过的成绩。我陷入了沉思。是不是有舞弊行为？我马上问监考的两位老师，他们对我说："考风很好，你别多心"。我只好去查卷子，发现卷面比平常干净多了，像平时数字抄错、符号看错、审题不认真等毛病极少出现。多数同学发挥正常。

第二天，我领着这班学生上山野炊，这些孩子快乐得就像一群小鸟，高高兴兴地玩呀，闹呀。他们还采了一大束野花送给我，和我促膝长谈。此时我才得知班委在考试前发动全班同学在最后一次考试中发挥出最高水平，赢

得与老师最后一次游玩的机会。很多人还向班委写了保证书……

    我明白了，他们把我的话当真了，为了获得这样一次机会，他们真的都认真起来了，同心协力，可谓"众志成城"。这件事令我感动，并引发我深思：平时为了让学生达到我们的要求，一味用冷冰冰的面孔和生硬的语言教他们"不要这样，一定要那样"，只会打压他们的热情，怎么会有好的表现呢？而依靠情感的力量却能浸润他们疲惫的心灵，激发他们的内驱力，使他们恢复生机和活力，焕发出蓬勃生机。这样，又怎么不会有出色的表现呢？

蜗牛事件

◇李百灵

"李老师，你们班的小吴同学你要教育一下。他竟然在课堂上卖蜗牛给同学！一只还卖了两角钱！"一下课，教美术的余老师就拉着我向我"告起了状"，那紧张的样子把我这个当班主任的吓了一大跳，我二话没说，转身就往教室走去。

这个小吴啊！外表看起来憨厚老实，其实脑袋瓜却挺灵光的，偏偏生性好动，伶牙俐齿。你说他吧，他嘴皮子比你更厉害，大道理小理由一套套，我这个当老师的也常常被他给说服了。前几天，他因为课堂上偷看故事书，让我逮了个正着。我还没批评他，他便又是认错又是立誓，再三保证要遵守纪律，一副"浪子回头金不换"的神情，目的还不是要我"手下留情"把那本心爱的书还给他，我向来心软，不得不放过了他。不过，也因为这孩子着实可爱，平时上课大部分时间都挺认真的，对班级的事情也是热心十足，而且他富有爱心，用钱也很大方，在学校组织的"捐资助残"活动中，就拿了100元零花钱出来。不过，最近我倒发现他对昆虫非常着迷，养了一大窝蚕宝宝，照看得十分用心。放学后，他也经常跑到草丛里去观察蜗牛。有时，还跑来问我许多关于蜗牛的知识，有的我也答不出来，便鼓励他去问教自然的陈老师。可能是陈老师的答案让他极为满意，因此他一下课，铁定跑去找陈老师。他那顽固的研究热情让我喜忧参半，喜的是他小小年纪便具有强烈的求知欲；忧的是小孩子过于痴迷某件事物会影响他的学习。但是这次他怎么卖起蜗牛来了？我边走边想着，实在摸不透这小子到底在耍什么花招。

可能是意识到"大祸临头"了，我跨进教室，才刚喊了一声"小吴"，

他便缩手缩脚地跟着我来到了办公室。

一落座，我就开门见山地问他："为什么卖蜗牛给同学？"

他支支吾吾地说"陈老师让……让我们带来，上课时要观察。"

"陈老师让你们带来，并不是让你卖啊！说！为什么要卖蜗牛给同学？"

"有的同学不敢去抓，就来向我要。我故意说不能白给，要就得买。他们就当真了，再说，这些蜗牛是我花力气、花时间捉的，怎么不可以卖呢？"说完，他又嘟囔了一句，"有了钱就可以买到很多东西了。"

你瞧瞧，他倒越说越有理了。不过，说的也不完全错。商品社会嘛，有所劳当然也想要有所得了。但是，金钱观太重却不好。最近，报纸曾报道：美国百分之九十多的孩子的志愿是要当总裁而不愿当总统。专家们呼吁，不要纵容孩子太大的金钱欲，否则一旦出现出唯利是图的一代，将对社会的发展带来严重的后果。

我略一思忖，严肃地问他："你认为，世界上什么东西都可以用金钱买到，是吗？"

他想了想，说："知识是金钱买不到的。"

这小子，倒很机灵！我赞许地点点头，亲切地对他说："你明白就好。小小年纪便有商品意识，这没有什么不好。但是你现在还是学生，首要任务是学好知识。今后你不论是研究昆虫，还是去做生意，拥有丰富的知识，是你能否通向成功之路的重要条件。你说是吗？"

听了我的话，他点了点头，说："我已经把钱还给他们了。蜗牛就送给他们吧。"

我不由得笑了："好，帮助别人也是一种快乐！你回去吧！"

看着他乐颠颠地走出去，我思绪万分。你能拒绝这天使般的童心吗？生活在这个世界，孩童的天真就像一汪碧海，那里面有挖掘不尽的宝藏。你若有心，便会发现，孩子的每一举动、每一趣言都是一枚枚璀璨的珠贝，它将映照得你的执教生涯更加斑斓多姿！

生命的灵光

◇林 丹

给这篇文章起这么一个看似玄乎的名字，是因为我的工作琐碎而复杂，在这些繁复中，那些感动我的，触动我灵魂深处的事或物，总似灵光乍然一现，稍纵即逝。然而它们留给我的影响，却有如石刻碑文般，深刻而久远。

今年我为自己拟定的研究课题是如何培养学生的求异思维。今日落笔时，我发现自己根本无法似一位大师般，以滔滔不绝的手笔成就一篇恢宏伟论。但我的笔，却能写出一个处于教育最前沿的教师的细腻感触。今天，脑中挥之不去的是与学生许福泉的"对话"。他是最令我得意的门生。我们的话题围绕着一道貌似简单的数学题展开：1，2，4，（），（）。许多学生忽略了数字"1"，就凭直觉得出填6和8，这是错的。我为学生准备好的标准答案是8和16，并且我再未深思是否还可有其它的结论。所幸的是，深知自己愚钝的我，总会在一个话题结束前，加上一句话："可能还有其他答案。"并且几乎将它培养成我的口头禅。这次并不例外地说完这句话后，福泉便当堂道出另一答案：1，2，4，7，11。（推理过程：1+1=2，2+2=4，4+3=7，7+4=11……）。课后，他还意犹未尽，又找我讨论，得出填5和7也行。因为：1+1=2，2+2=4，4+1=5，5+2=7照此理，第一个数加1，第2个数加2……听着他的推理，我的兴奋之情溢于言表。那一刻，我分明感到，我俩的师生角色已经易位，这位尊敬的"小老师"，正在给我上着一堂极其生动的课。那一刻，我深深地庆幸，我有那句口头禅，我没有倨傲于我仅有的学识，我

没有堵死那灵动的思维的窗。

曾读过这样一篇文章：一位父亲总是想不通为什么自己的孩子总不愿去百货商店。他想不通的是，为什么那里的玩具、琳琅满目的商品吸引不了凡事喜新鲜的孩子，甚至到那里后孩子会哭闹着要离开。一次，他又带着孩子去了。这回，发生了点小事，孩子的鞋带松了。在这位父亲蹲下来的瞬间，他忽然明白了，在孩子的视野里，晃动着大人们粗壮的腿，毫无美感可言，甚至有些骇人。此时，他悟到：平时大人们总是从自己的角度出发为孩子们考虑问题，这是不对的。读到这，我似乎懂了，但却还是有些不明白：从孩子的角度看问题？

但接着，我身边也发生了一件类似的事情，使我彻底感悟。

一天傍晚，二年级有间教室的门坏了，不知情的人如果贸然去开，它会整扇倒下来。天色已晚，门自然得等到第二天才能修复。老师担心出意外，在门上用粉笔写着警示语，交代学生别开门。第二天一大早，这位教师便起床去查看，因为她十分不放心。然而还是迟了，老师问学生有没有事，学生笑眯眯地说："老师，我刚才差点被压着了，还好我机灵，动作快。""那你看到门上的字了吗？""没有。"我听说后，感到奇怪，怎么会没看见呢？但一站到那扇门前，我的疑惑顿消。那警示语是依教师的身高书写的，而二年级的学生必须吃力地仰头才能看得见。试想，有哪个孩子会在大清早特意抬头去看门上有没有字呢？当然没有。

我们的老师未尽心吗？未尽力吗？不！她只是忽略了一个问题：不能只是从自己的角度出发去处理学生的问题，而应当多考虑学生的视角。

至此，我原先的"不明白"如雨过天晴或如烟消云散。"学校无小事，事事是教育"这句熟稔的话从心底浮起。今天，我又更深层次地理解了它，这看似平常的一句话。

几根白发

◇陈道东

自然课上，我刚把缺少维生素与人的白头发联系起来，整个班级突然一片沉寂，大家都把目光投向一个女同学——循着大家的目光，我一下子看到——平常最是活泼伶俐的小娥——正呆呆地面对着全班异样的目光。然后，她那两只水汪汪的大眼睛一红，"大珠""小珠"顿时掉了下来，她一下子趴在桌子上，伤心地哭了起来。就在那一头整齐干净的乌发间，几根白发映入了我的眼帘。

我的心一沉——糟了！这是一个十分爱美而又自尊心极强的小姑娘！

"同学们，你们喜欢陈老师吗？"

"喜欢！"

"可是陈老师头上有好几根白头发呀！"

"那有什么关系呀！"

同学们立刻领会到老师的意思，都微笑而又真切地回答我，并赶快收回眼神。我继续讲下去——小娥仍然趴在桌上伤心地抽噎着，偶尔抬起头，和我对视，一下子又泪如泉涌，很快地低下头，继续抽泣着。

课堂异样的沉寂，同学们默默不语。虽然大家都坐得笔直，眼神都集中到我这边，但我知道，此时每个人的心里都是不平静的。我不动声色地继续讲课，不一会儿，下课铃响了，我暗暗舒了一口气。

我叫小娥到我办公室来一趟。

我先回到办公室，沏了一壶大印象菊普茶，等着她的到来，心里思量着要对这个同学说什么。

她磨蹭着，终于来了，眼泪已经擦干。

可是两只眼睛像水蜜桃，潮红潮红的。

我笑了，递给她一杯茶说："你看，眼泪都快流干了，赶快补上。"

"不要。"

我说："刚才上课的时候，老师没有注意到，说到白头发，让你很难过是不是？"

她不语。

我说："其实，那几根白头发有什么关系呢？在老师、同学们的心目中，你还是那么聪明、能干、可爱。"

她一听，看了我一眼，又哭了起来。

我一时竟不知说什么好了。

沉默了一会儿，小娥问："如果没什么事，我要下去了。"说着就站了起来想走。

我的语气有点急了："几根白头发有什么要紧呢？老师头上也有！再说，一个人，谁能十全十美呢？谁能没有一点不足呢？重要的是自己怎样面对自己的不足！老师觉得，你应该正视这几根白发。大家都看着你，你反而更应该抬起头来，勇敢地面对大家，这样大家才不会一直注意你的几根白发。一个人应该勇敢地面对自己所遇到的一切困难……"

这时，上课铃响了，她赶快站起来对我说："我要去上课了。"眼里闪着泪花，匆匆跑了下去。

我的心情挺沉重的。

接下来几天，我注意到这个女同学不再像以前那样小麻雀似的活泼乱跳了，只是一个人静静地坐在座位上。同学们都不敢去叫她玩，她也故意避开大家，包括我。

这一天，学校要组织参加学区作文竞赛的培训队，我选了三名同学，其中一个是小娥。

放学后，我请她们到办公室，我看到小娥似乎开朗了许多，笑着问："想通啦？"她笑着："嗯！"另两个女同学奇怪地问她怎么回事？她笑而不答，看着老师。我说："这是秘密！"

大家都笑了。

我要求她们三人都写一篇自己经历过的难忘的事。

第二天，小娥交上来的作文令我感慨不已。

我哭了

平时不为大事绝不掉半滴眼泪的我，今天却哭了……而且是为一件小小的事而哭。

今天上自然课，讲人的生长发育，先前还讲得好好的，可后来，陈老师说不吃蔬菜会长白发。听到这句话时，我觉得特别刺耳，它再一次揭开了我内心的伤疤。同学们都用异样的眼神看着我，有几个家伙还在窃窃私语。我能忍受一切委屈，就是忍受不了同学们的闲言碎语！想到这儿，我的眼泪就掉了下来，掉得很凶，不断，不断地……

我右侧的两个男同学在小声地说："不吃蔬菜会有白头发呀？"我很清楚他们是在说我，虽然声音很小，但字字都刺痛了我的心。真的，我的心好难过，好难过！他们不知道这是祖传的，我妈也有。他

们不知道我不是不吃蔬菜，他们不知道……终于挨到下课了，我正想找个地方清静一下，可是陈老师却叫我到他办公室。心情特别紧张，走到他办公室我想起刚才那句话，禁不住又哭了。陈老师沏茶，我想，我可不是来看他泡茶的，于是便问："找我有事吗？""……其实，每个人都有美中不足的地方，白发我也有……"我边听陈老师的话，泪珠边往下掉。我不想再丢人现眼了，急忙问："没事，我下去了……？"他叫我等一下，又给我讲了许多话，我不知道老师是在安慰我，还是在批评我对缺点的自卑，但他这番话确实使我的自卑减轻了许多。

一下午，我想了很多，想不通也得想通，因为我浪费了一个下午的快乐时光。我相信，以后我再不会为这些小事掉泪了。

不哭的心情真好，开朗了许多。

我的内心真是受到极大的震撼：想不到我无意中竟差一点给一个聪明的孩子内心造成极大的伤害，所幸她能及时予以化解。同时，我更为这个才11岁的孩子如此成熟而丰富的内心而感慨。作为一个教育者，竟然如此不了解自己的学生，实在令我惭愧，我原先一直把他们当作一群少不更事、天真无邪的小孩子，殊不知他们的心灵是如此的丰富而敏感。

我想，我们要更好地培育我们的孩子，必须从真正懂得他们做起！

感悟师爱

◇王宏懿

开学不久，二、三两个年级的班干部先后向我汇报，他们班上打扫教室用的水桶都被值日生不小心打破了，并问我该怎么办。我听了之后，对他们说，水桶不是值日生故意打破的，不能责怪他们。还有，这种水桶质量不好，不够坚固，是经不起久用的。我将这个问题交给他们的班委会解决，并且向他们解释，这个学期添置完各班的教室设备，学校的经费已经十分紧张，无法为各个班级购买水桶了。

学生们听了之后，经各班委会讨论后提议，各班学生捐资重新买了两只水桶。新水桶比原来的水桶更加美观坚固，而且价格合理。看到班级凝聚力得到增强，学生提高了自主解决问题的能力，还懂得理解别人、分清是非，我感到由衷的欣慰。后来在校会议上我表扬了他们。

可是后来发生的一件事让我始料不及。一天下午快上课的时候，有学生向我汇报，说一年级的值日生小健同学在午休时间用小刀将班上的水桶底部捅了一个洞。我走到他们班上，将刚买来不久的水桶倒过来一看，果然底部被捅了一个小洞，成了一个崭新的废桶。

当时我很生气，"人之初，性本善"，想不到这个刚入学不久的小男生竟如此明目张胆，恶意地损坏班级的公物。这种情况是很少见的。当这个小男生被唤到我的面前时，我记得当时我的态度还比较温和。但我还没有说话，

他就仿佛大祸临头似的，只带着哭腔说了一句"我没有"，便双手遮面，蹲下大哭起来。眼泪从指缝间溢了出来。若是刚出校门那几年，我一定会板着脸严厉地批评他一通。但近十年的教坛生涯使我懂得了许多，学会了忍耐与克制。教育无小事，小学生的心理承受力是十分脆弱的。处理小学生的偶发事件一定要分清实质，弄清原因。绝不能用成人的逻辑思维和行为方式去处理。这时围观的学生七嘴八舌，议论纷纷。有的还幸灾乐祸地说："他故意破坏，要他赔一个。"还有的说："他平时就是一个捣蛋鬼。"

我知道在这个时候，我不是一个模具工人，也不是一个驯兽师。我最需要的是正确的教育方式和十足的耐心、尊重、爱心。为了减轻他的心理压力，我赶紧打发走围观的学生，用手摸了摸他的头说："你弄坏了水桶不要紧，老师不会责怪你的。同学们也不会责怪你的，也不会要你赔的。老师不是经常教你们做错事要承认，要做一个诚实勇敢的孩子吗？快站起来说一说，为什么要弄破这个水桶？是不是你不喜欢这个水桶？同学们都走了，老师不会告诉他们的……"半晌，他才停止哭泣，擦擦眼泪，嗫嗫嚅嚅地说："我也想买他们那样的新水桶。"然后又从自己的裤兜里掏出一张揉得皱巴巴的钞票——两角钱。我一看，一刹那什么都明白了。原来二、三年级学生买新水桶时，经计算，每人大约两角钱。他也想模仿他们的做法，买新水桶用，让自己的班级也得到老师的表扬。但他班上的水桶还没有坏，情急之下，他只好偷偷用小刀捅破，但被同学们发现了。

后来我向其他学生说明了小健同学的想法，让其他同学原谅他的做法。并让学生们评议他的想法和做法。让全体学生形成爱惜公物、节约使用的正确的道德观念。经同学们研究，那只水桶废物利用成了班上的一个纸篓。

这件事使我深刻地认识到，模仿不仅是学生学习的方式，也是其他生活

行为的方式。低年级学生的道德意识和自我评价能力还很薄弱。"夫子教人，各因其材"，我想这个"材"的内涵早已不仅仅局限于学生的智能素质，还包含每个学生的个性特点、年龄特点，还有内心世界、成长环境、成长经历……教师施教应从种种特点出发，采取不同的教育措施。孔夫子若有灵，大概不会反对我的说法吧！

我暗暗庆幸自己采取了正确的态度和处理方式，呵护了一颗幼小的心灵。小学生的心灵并不像我们所想的那样简单。教师只有用爱心才能敲开学生那扇幼小的心扉，才能阅读到他们丰富的内心世界。热爱学生就是全部教育行为的真谛。也许从教师的角度来说，教育就是爱的另类的诠释吧。我必须时刻将它作为教育行为的奠基石，必须时刻将一个光明温暖的世界展现给学生，并且指引他们走向光明的未来。时时拂去他们心灵上的尘垢，让他们保持一颗纯洁的心灵。

我不能用抽象的、专业的术语诠释我对师爱的感悟。但我可以说："师爱，是拂过蓓蕾枝头的和风细雨；师爱，是滋养幼苗根须的沃土甘泉；师爱，是吐丝的春蚕；师爱，是燃烧的烛火。"

老师，给我一张奖状

◇徐玉英

一学期转眼又结束了。家访归来，心里仍不能平静。

接近期末，学校又像往年一样向各班下达了优秀学生的指标。"三好学生占班级人数 10％，行为标兵 2 名，进取标兵 2 名，优秀班干部 1 名，各科特优生各 1 名，各门学科皆为优者为全优生。各项评选活动要在班上民主评议产生。"受名额的评选和条件限制，得奖者不外乎又是往年那些同学，有的同学甚至好几张奖状（因为这些人相对来说确实更优秀）。而对于班上的大部分同学来说，奖状是可望而不可及的事情。就曾有一位六年级的学生在老师发奖时，情不自禁地说："老师，给我一张奖状吧。"

是啊，不少孩子觉得自己在这学期很努力了，可仍不能拿上奖状。（有的孩子从一年级至六年级从未得过一张奖状）这种心情是何等的失落。正是这种现象，使不少孩子对学习丧失了信心，丧失了积极向上的品格。

这学期，思岑、兰椿、若晨、小亮、小炜、龙华、福鸿……每一位孩子都让我感觉到了他们的进步。有的写字进步了，有的朗读、写作进步了，有的作业认真了，有的上课爱发言了……他们都是应该得到奖状的啊！因此，学校休学式刚完，我就从学校教导处又"偷"出了剩下的十几张奖状，理直气壮地署上了确有进步但没有获得奖状的孩子的姓名。可惜，奖状有限，有的孩子还是没有拿到奖状。

家访中，拿到了奖状的孩子和家长很高兴，觉得希望无限。没拿到奖状

139

的家长虽然待老师也同样热情，可老师却高兴不起来，因为家长反馈：孩子没拿到奖状哭得很伤心，觉得努力付诸东流了，以后就不努力了。当时，我无言对答，那一刻，我恨不得马上到店里买上一叠奖状发给这些孩子。

哪位老师听了不感慨？我们虽改变了对学生的评价方法，用等级代替分数。同时，加以鼓励性语言，孩子们很高兴。可在孩子心中，那一张小小的奖状分量更重，它比十几个优、十几句热情洋溢的赞美之词更能证明他的努力，更能激励他上进。幼儿园的老师们能根据孩子的特点发给每位小朋友名目不同的奖状，使每一位孩子都觉得自己很棒。我们小学教师为什么不能呢？我觉得，这不是一种虚荣，是一种动力，一种极大的激励。

新一轮课程改革对改革学生评价做了大篇幅的阐述。由于学习不够深入，不少人误以为改革学生评价就是把百分制改为等级制，把 60 分改为及格，把 80 分改为良，把 90 分改为优而已。这种把评价改革简单化理解的现象，说明教师的思想观念还没转变过来。新课程改革强调评价是为了"促进学生在原有水平上发展"，我认为关键词是"原有水平上""发展"。学生还是原来的学生，我们如何以发展的眼光观察每一位学生，以欣赏的眼光发现每一位学生身上的每一小处闪光点，让这小小的闪光点逐渐扩大，使它成为孩子自信、自强的理由，作为学校、教师，应该从思想上彻底变革。

为什么不给每一位孩子一张奖状呢？我的心仍不能平静。

你快乐，所以我快乐
——课改中的乡村孩子

◇ 肖兰娇

新一轮的课改之风，沿着闽江两岸，吹拂到了尤溪河畔。我所在的由三个自然村合并而成的双里小学，也强烈地感受到了新课改的气息。在与课改同行的一路中，我真切地感受到了课改所带来的快乐！

第一次自我介绍

开学初的报名注册，我没有参加，因为我还在培训。真正与孩子们的见面，还是在第一节的课堂中。当时，我几乎什么都没带，只有一根粉笔在手中运动着。讲台一站定，同学们就议论开了：她教我们什么呢？是语文老师，还是数学老师？"同学们好！我是肖老师（我边说边写上姓名），这学期由我来担任你们的班主任，并教你们的数学。"同学们都停止了议论，个个都那么认真地注视着我，听我的自我介绍。从那三十多双注视的眼神中，我感受到了一种好奇、渴望，甚而略带疑惑的眼神，但他们的脸上都映着山村小溪般的清纯与天真。一时间，我感到自己的肩膀沉重了许多，我该如何把课改的理念渗透到我的教学中呢？"肖老师，你的家住哪里？电话号码是多少？"一位同学打断了我的思绪。对了，关键是应让这些乡村的孩子喜欢我这个老师。接着，我就请每个同学都做了自我介绍，还让原本熟悉的同学互相补充介绍。尽管他们还不能很好地用普通话来表达自己，有的说得还那么吃力，

但都是那么认真、坦率，给我的第一印象是那么的强烈、鲜明、深刻。在我的眼里，这可是很好的一块课改处女地，他们仿佛是一粒粒即将破土而出的种子，一朵朵含苞待放的花蕾，我希望他们能在我精心的培育下，不断生根发芽、枝繁叶茂，我有这个信心，也有这个决心。

冬日的阳光

那是一个很冷的早晨，预备铃声刚响过，我与往常一样向班级走去。突然，教室里传出"呜呜——呜"的哭泣声，我一看，原来是班级年龄最小的寄宿生小婷在哆嗦着。我忙问她为什么哭，她边哭边说："老师，我好冷！"班上其他的同学也都在嘀咕着，太冷了……是啊，太冷了，这可怎么上课呀，我心里在想。突然我闪过一个念头——去操场上！于是我带着孩子们走出了教室，贪婪地享受着冬日里的阳光。孩子们特别感动，冲过来对我说："肖老师，您真好！"但我知道，就这样一直在操场晒太阳，校长肯定是第一个反对的。可是怎么上我的数学课呢？对了，何不开发一下课堂资源呢？为了孩子们，也为了自己不被批评，我将计就计，拿来了跳绳、篮球等，在操场上进行小组合作比赛数数。这堂课孩子们不仅玩得很愉快，而且也学会了数数。那时的我真真实实地感觉到冬日虽冷，但阳光是最温暖的。

"一个鸡蛋"的作业

慢慢地，孩子们的心几乎都稳定了下来，但他们偶尔也会想家。也难怪，年纪那么小，况且一个星期才回家一次。孩子们的饭量都不错，几乎超过了我（我的饭量可不小），可他们由于营养跟不上，且生活上又要自理，第一学期孩子们几乎是轮番生病。刚开始，我真的有点不知所措。由于孩子们的家庭生活水平有限，我不敢提出他们需要喝牛奶、吃蛋糕之类的要求，以补

充他们的能量与营养，但我想在农村鸡蛋应该是有的。班会课上，我特别强调了营养的问题，允许他们向家人提出每天吃一个鸡蛋的要求，并当作一项家庭作业布置下去。虽说一天一个鸡蛋的作业，多数同学没法完成，但却产生了一定的效果。最明显的一点，许多家长都较重视孩子的饮食了。孩子们虽说还不能全都吃上鸡蛋，但他们觉得很知足了，尤其是有父母、老师的关爱，他们觉得寄宿的生活很开心！很快乐！

两个面包的情思

那是一个特别的日子，玉缘的爸爸来看玉缘了，爸爸给玉缘带来了两个面包。这一整天玉缘的心情像开了喇叭花似的快乐。下午的一堂数学课，我指导学生的作业。当我走到玉缘的座位时，她急急忙忙从抽屉里掏出一个面包，怯怯地说："老师，给您吃！"此时，我才明白这节课她的手为什么老是很不对劲地藏在那儿。当时，我真的不知要用怎样的语言来答复这个幼小心灵的真诚，就满口说了一句"你自己吃吧。"谁知玉缘很快从抽屉里拿出了另一个，并很认真地说："老师，我还有一个！"这可真是一道难题，说不爱吃，一定会辜负孩子的一片好意，或许还会伤了孩子的自尊；若接过孩子的面包，她今晚可就少了一份难得的点心，况且在班级几十双童真的眼中，老师会是怎样。在这矛盾中，我小心翼翼地笑着说："小玉缘，谢谢啦！老师房间里有面包，而且和你的是一模一样，你留着自己吃吧！"说完这番话，我觉得自己的眼眶已湿润了，为的是这一份真挚的情感。

我羡慕城市的繁华，但更爱乡村的宁静。每当看到孩子们脸上那份自然，那份纯真，那份灿烂，那份满足，我还能说些什么呢？

——孩子，只要你快乐，我就快乐！

邂　逅

◇陈志忠

一个夜晚，自己偶尔翻开《外国文学史》，看到托尔斯泰世界观转变的代表作《复活》。小说以"最清醒的现实主义"撕下了一切假面具，塑造了一个"忏悔贵族"的典型聂赫留朵夫。他是一个理想的贵族知识分子。青年时期，他单纯善良，但是贵族家庭养成了他的种种恶习，使他堕落为自私自利的人。他抛弃玛丝洛娃。十年后，他意识到自己是造成她堕落和不幸的罪魁祸首，于是在上帝面前承认自己永远有罪，要宽恕一切人，照上帝的意志为人类幸福而工作。

小说中的玛丝洛娃是一个被侮辱、被损害的下层妇女的典型，由一个天真无邪的少女沦为心灵麻木的妇人。夜阑人静，勾起了我的回忆。

15年前，初出茅庐，身为人师。我在晋江侨中担任历史科代课教师。当年才二十出头，血气方刚，一心只想施展才华，希望自己能得到领导的认可、学生的敬佩。时刻牢记："严师出高徒"的教诲、"师生要保持一定的距离""教不严，师之过"劝言。然而，年轻气盛，事与愿违，经验不足，四处碰壁。记得有一个姓丁的女生，当时，年龄刚15岁。她念初中二年级，身高1.65米左右，个子比我略高一些，是少年体校学生，寄读在侨中。这个女生，生性好动，爱吃零食，组织纪律性较差。有一次，我上历史课，上课铃声响了很久，她仍在教室外面的走廊上大摇大摆地走，熟视无睹，不喊报告就迈进教室，走向自己的位置坐下。她的书桌里藏放一袋橄榄。

趁老师转身写板书的那一刻，她悄悄地拿出一粒橄榄往嘴里塞，腮边鼓鼓的，慢慢地咀嚼、品尝。她不知羞臊，一粒接着一粒，后来被我发觉。为了不影响其他听课的同学，我没点出她的名字，只是不停地把严厉的目光投向她那个位置，警示她不能再这样下去，注视着她一次又一次，可是让我感到失望的是她竟然毫无觉察，反而变本加厉地与同桌共享，大声讲话。那时我为了完善所谓的课堂教学效果，维护所谓师道的尊严，准备等她再往嘴里送橄榄之际，想方设法让她难堪一次。我突然脑子一闪，想出自以为可制服她的好办法来，立刻请她站起来回答我的历史课问题。由于橄榄塞住了她的嘴，有言说不出口，我把握时机，严厉地训斥："你哑巴了？怎么不说话？"她低下头，羞愧地摇了摇头。我仍刁难她："我们这里不收聋哑学生。请你出去，到聋哑学校去读。请全班同学转过头瞧瞧那个站着的'聋哑'女生。"顿时，全班同学立即哄堂大笑。在众目睽睽之下，她终于从嘴里吐出橄榄核，落地发出"咯咯"的响声。她的脸涨得红红的，立刻趴在桌面，痛哭起来。顷刻间，教室里鸦雀无声，静了好一阵子。可是她的心灵受到了创伤，自尊心受到了伤害。当初我还为自己能运用"以柔克刚，以妙制胜"而沾沾自喜呢。

她，被羞辱之后，第二天向班主任许老师请了一个星期假，后来再也没来上学。一周过后，班主任告诉我她转学了。从此，我们再也没过面。

去年的一天，我的儿子皮肤过敏，我赶路回家照看。我独自一人站在村公路旁等公交车。春雨绵绵，搅得我心烦意乱，始终没见车辆到来。突然，一辆乳白色的轿车迎面驶来，"嘎"一声，停靠在我的身旁，徐徐降下挡风玻璃，探头露出一位年轻的姑娘，笑盈盈地向我招手："上车吧！陈老师！我送您回家吧。"我没来得及问她的尊姓大名，顾自一跃躲进车里。"砰"一声关上车门。她一边开车，一边轻柔地问我一句："陈老师，你还记得我是谁吗？"

我笑迎着回话：很抱歉！记不起，时间太长，学生太多了。她爽朗地笑着说："我叫小媛，您忘了？1989年读侨中初二年级，后来转学，不想读。辍学，学开车，做生意去了，当时您还教我们初中历史呢。"她毫不拘束地与我交谈，"走上社会后才懂得读书有多重要啊！真的很后悔没读完中学。"

听了她的一番真心的话，我的心灵一直为之颤动。不敢相信，开车送我回家的这位姑娘，竟然是当年受我伤害并羞辱过的学生呀！再次见面，仍对我毕恭毕敬。坐在车里，她还提及我当年上历史课讲过的一则笑话：成吉思汗——有位学生上课不注意听讲，老师请他解释。那个同学解释为名叫"成吉"的人，"思"考问题，想不出来，"汗"都流出来……

那个夜晚，我彻夜难眠，心情颇不平静。我不断地反思：为人之师，谨于言，慎于行。文学史中聂赫留朵夫对玛丝洛娃的伤害，造成了她的人生悲剧。而在学校里，教师对学生的伤害，将影响他（她）一生的命运和前程。追溯往昔，深有悔意。如今，我才感悟到雅斯贝尔斯所说的话："教育不是知者带动无知者，而是人对人主体灵肉交流的活动。"在这种交流中，人将自己与他人的命运相连，处于一种身心敞开、相互完全平等的关系中。

涂鸦男孩

◇廖俊丰

当了这么些年教师，我觉得老师和学生之间的关系是明确的，又是微妙的。

记得有一年，我刚接手一个班的美术课时，班主任就善意地提醒我：班上有个学生喜欢在老师背后恶搞。当时对这句话我可能理解得浅了点，心想：成人尚且当面一套，背后一套，更何况他还是一个稚气未脱的初一学生！事实证明，我低估了这个学生的本事！

课堂上，正当我和学生探讨艺术语言和艺术载体的关系时，一个帅气的小男孩引起了我的注意。他穿着涂鸦艺术的短衫，两片薄嘴唇一看就知道能说会道，不过最吸引人的还是那双不甘寂寞的大眼睛。不自觉地，我就边讲边靠近了他的桌边。

突然，学生们一阵哄笑。"发生什么了？"我把教室扫视了一圈后，没什么问题呀！我自我解嘲地笑了一下，准备继续讲课。可是，学生们笑得更厉害了，那个帅气男孩的笑声特别大，而且笑声里还包含着得意。正当我不知所措时，旁边一个女生悄悄地告诉我："老师，你的裤子上有两个白点！"还很不好意思地递给我一面镜子。

我一照，屁股的两边沾上了粉笔灰制造的两个大点！看来那个男孩吹粉笔灰时用了很大力气，嘴巴上都沾满了白灰，还在憨笑呢！天哪，原来他就

是同事叫我提防的狠角色!

我喜欢学生,走上这个工作岗位的时候,我就准备给予他们足够的宽容。我稳了稳情绪,问他:"你为什么在那个地方画画呢?我们探讨一下。"他完全没有料到我会如此快地转守为攻,他的脸红了,喃喃地说:"老师,对不起,我其实蛮喜欢画画的。"但同学们显然对他的回答不满意,满教室愤怒地声讨:"老师,惩罚他!"我轻轻地挥挥手说:"让这位同学谈谈他在老师身上创作的构思。"

他抬头看着我,眼中充满了感激,个性的使然让他侃侃而谈:"老师真好,但是请允许我提一个建议,老师你该减肥了。"全班同学和我一下全笑了。他说:"老师,你不是要我们去发现艺术的载体吗?我发现你那里好像人的圆脸,我爸爸也很胖,昨天晚上我就在他裤子上画了,今早上他穿上裤子就去上班,还没发现,在你那里只画了两只眼睛,就被你发现了。"这时,我打断他的话:"那说明我享受了你给予父亲的'优待',谢谢,你很会在联想中绘画,不错,但下笔之前应选对作画的地方。"一语即出,我和这个男孩,以及全班学生都沉浸在尽兴的欢笑里。尴尬就这样消失了。那个男孩,依旧思维活跃,但没有再捉弄我,而且以后再也没有为难过任何一位老师,带着对师德的领会,成为了一个乖孩子。

教育工作有辛劳的一面,但是,只要热爱这份事业,就一定能享受无限的快乐!关注学生,多一份宽容,发现他们的闪光点,我们就会从工作中得到比金钱更可贵的回报!

拒绝的权利

◇栾庆新

这学期我接手的是四年级语文，并担任了这个班的班主任。

在陌生老师面前，孩子们似乎都有天生的表现欲，几天来，我的课堂一直呈现着一种热烈的气氛。

这一节又是语文课。首先进行的是自学生字词，孩子们阅读了课文内容后，便迅速行动起来，有的注音，有的组词，还有的在小声互相听读着。

时间到了，孩子们纷纷举手，我的目光落到教室的右后边，一个同学正懒洋洋地坐在座位上，心不在焉地摆弄着教科书。

"小鑫，你来读！"我叫他。因为通过几天的观察，我发现他上课从来不举手，好像在有意疏远我。

"嗯？"他似乎愣了一下，显然没料到我会叫他，但继续歪坐在座位上，眼皮耷拉着，一副爱理不理的样子。

"小鑫，叫你呢！"我有些恼火，提高了嗓音。

他仍然坐在座位上，玩世不恭地用手指拨弄着教科书，仿佛老师叫的是其他人，出乎意料地说道："我不读！"

孩子们纷纷告诉我："老师，别管他！""他以前也是这样的！""老师，让他出去！"

我摆手制止住大家，尽量用平静的口气说："小鑫，请你站起来读！"

"我——不——读！"他拖了长腔，一字一顿地说着，一边还提起课本，

一副随时准备出去的架势。

孩子们竟没有笑，显然他们对这种现象已经见怪不怪了。

我忽然冷静了下来，面对这种情况，看来以往的老师都采取了果断的"热处理"方式，我何不来个"冷处理"呢？于是，我也放慢了语气，平静地说："你有拒绝的权利，老师尊重你的选择。"接着，我又盯着他那一双惊愕的眼睛，一字一顿地说："但是，你失去的却是老师对你的期望之心；你失去的是同学们对你的期待之情；你失去的是自己的一次多么难得的学习——"

"——机会！"全班同学忍不住大声跟了一句。

他的脸似乎红了一下，接着低下头。我不再理他，继续点其他的同学进行生字认读。

这一节课，我再也没有正眼看过他一次，但他却表现出从未有过的认真，有时还偷偷看我一眼。下课了，我走出教室，余光中一个身影跟了上来，我转身，一张红红的笑脸正对着我。

"老师好！"小鑫一脸灿烂地向我走来……

第二章

天使永远懂得微笑

与孩子同行

◇丁大志

在我的教育生涯中，我曾接手了这样一个班级：这个班的孩子习惯差、纪律差，学习成绩就更不用说了，学校领导和老师们一提起这个班就头疼，家长也失去了信心。看到这样的情况我心里很是着急，但是从哪里人手呢？思前想后，我决定要让孩子们相信：丁老师是他们的朋友，也是他们的战友，是来和他们一起战斗的，不是只在嘴上说说和他们一起努力，而私下却看不起他们、放弃他们。

那天孩子们正在上体育课，训练的是 100 米赛跑，同学们跑完后，正坐在跑道旁谈天论地，好不热闹！我正好从那里经过，"老师，老师过来一下！"躺在草坪上的孩子们个个兴高采烈，面带神秘的笑容，我知道他们肯定给我安排了什么"节目"。这时，体育委员发话了："丁老师，听说你体育方面不错，跑步一定没有问题，是吧？"我答道："对呀！"孩子们立刻欢呼雀跃起来："那你敢不敢和我们比赛 100 米跑？"我随口答道："行呀，但绝对不可以找我们班的 100 米冠军哟！"

随后我一思量：这可是教育孩子的好时机呀，不仅可以拉近和他们的距离，而且还可以趁机让他们明白老师就在他们身边，他们的一举一动我都非常在意。体育委员大声地说道："刘丹，上，同丁老师比试。"刘丹马上从人群中站了出来，她中等个子，前不久才听体育老师说她的 100 米跑属于女生中的中等水平，我心里便有了底气。我和刘丹站到了起跑线上，这时一个学

生高声叫道："不行哟，还是得来点刺激的呀！"其他学生也马上随声附和，我笑着说："好呀，你们说了算！"一个平时羞涩的女孩子小声说道："老师输了就请我们吃棒棒糖。"我毫不犹豫地回答道："OK！"孩子们的脸上洋溢着快乐和幸福，他们没有想到，平时威严的丁老师真的会和他们一起游戏、比赛，并且还能和他们打赌，他们心里此时的甜蜜恐怕已经胜过了棒棒糖。借着这个机会，我也提出了自己的条件："如果我赢了，全班同学写一篇600字的文章，题目是《老师和我们一起赛跑》，你们能做到吗？那可是要讲诚信的哟！"兴奋的孩子哪里还顾得了那么多，马上齐声响应："绝对做到！"随着体育教师的一声哨响，我俩像离弦的箭一样冲出去，前50米我把刘丹远远地抛到了后面，就在这时，那不争气的皮鞋竟然飞出了跑道，眼看着刘丹跑过终点，我知道我输了。孩子们可高兴了：有糖吃了。我在他们的簇拥下来到了小卖部，将棒棒糖发给孩子们，看着他们如此开心，快乐也充满了我的心田。

其实输赢都是不重要的，重要的是我可以成为他们的朋友。这节体育课之后，孩子们开始主动亲近我，有问题就向我请教，主动为班级建设献计献策，一切都那样自然地和谐起来，班风也好起来了，学习兴趣也浓起来了，连最调皮的孩子行为举止也有了很大的改变。这就是走进孩子的收获，和孩子同行的成果。有时我们常常埋怨孩子不好教，孩子不懂得珍惜、理解和接受，其实那是我们老师没有给孩子机会靠近，是我们老师没有主动走近孩子呀！

教学不一定在课堂上，言传不如身教，蹲下身子，真正做学生的朋友吧！也只有这样，他们才更容易接受你的教育，才能真正和你心连心，朝共同的目标奋进。与孩子们做朋友，与孩子们同行，你收获的不仅仅是作为教师的快乐，更是生命的意义。

吻脸风波

◇陈金铭

中午，几个女同学找我告状："老师，咱们班最近有几个男生变态。"旁边刘同学补充说："文飞和他的同桌月成亲脸玩！""啊？"我怀疑自己是不是听错了。原来，班里四五个男生亲脸玩这个现象有两三天了——下课后，他们几个追逐时以亲脸玩为乐。

晚上，我偶然读到张晓风的一篇短文，题目叫《海滩上没有发生的事》，不由得眼前一亮。故事大意是这样的：大热天，校长把学生们带到海边玩，孩子们都乐疯了，玩得非常尽兴。上岸以后，发生了一件让校长目瞪口呆的事——一、二年级的小女孩们觉得衣服湿了不舒服，便当众把衣服脱了，在那里拧起水来。教育家的直觉阻止了校长想冲上前喝止的冲动。他发现四下里其实没有人大惊小怪。高年级同学没有投来异样的目光，傻傻的小男生更不知道他们的女同学不够淑女，海滩上一片天真欢乐。小女孩做的事不曾骚扰任何人，她们很快拧干了衣服，重新穿上，像船过水无痕。

我们不难想象：假如校长呵斥了，事情会发生怎样的变化——小女孩会永远记得自己当众丢了丑；而大孩子很可能学会了鄙视别人的"无行"，并为自己的"有行"而沾沾自喜。文章的最后，作者感慨地说："许多事，如果没有那些神经质的家伙大叫'不得了啦！''问题可严重啦！'原本也可以不成其为问题的。"

第二天，我在班上就像忘了有这么一回事，一字都没提。但我看出参与

的几个男生已经知道我晓得这件事了，他们几个低着头，偶尔偷偷地我一眼。我想：孩子们，但愿你们心里不要有过重的负担，老师是希望你们忘却这件事啊。我甚至有点希望他们来找我，那我就以朋友的身份跟他们坐下来聊一聊"少年"这个成长的话题。最后，或许是害羞，或许是胆怯，或许是其他原因，他们并没有来找我。当然，我也没有找他们，也许让这件事随风而去，在孩子们的脑海里不留下任何痕迹是更好的结局。相对于很多教师自以为高明地把学生这样做的前因后果剖析清楚的做法，我宁愿选择"永远的忘却"。

船过水虽然无痕，终究还是有细小波纹的。第二天，他们几个在日记里写了这件事，有感激老师没有追究的，有反思自己一时好奇而不考虑后果的。文飞的日记是这样写的："老师，开始的时候，他们几个总是欺负我，我打不过他们，实在逼急了就亲了他们的脸，他们害羞以后就不敢再欺负我了。再后来，大家觉得好玩，就都互相亲脸玩，其实我们没有什么，我们不是同性恋。"读到这里，我心里一惊，看来这件事已经在班里有了舆论所指，并且给文飞带来了内心的恐慌。我沉思良久，在他的日记上写了下面一段话："首先，老师相信你和你的玩伴都是正常的男孩子，永远都相信。其次，老师认为这件事没有什么可大惊小怪的，要是在有这样礼节的外国，这样的举动是很正常的，就是在我们这个以含蓄为美的国度，你们这样做，也仅仅是一个闹着玩儿的游戏罢了。"

现在，事情已经过去了，孩子们早已忘记了曾经发生的事，窗外文飞和小伙伴们正在玩"老鹰捉小鸡"，明媚的阳光照在他的脸上，汗水从他可爱的脸庞滑落。

老师，我"恨"您

◇夏桂枝

那是 2000 年 11 月的一天，我带着学校课题组的教研员下乡听课。活动期间，我们在一所村小学的旧礼堂里为全体老师开了三节作文探讨课。其中一节是六年级的课，作文题是《××，我想对你说》。执教的是一个叫张艳芳的年轻教师。课一开始，学生的情感就被调动起来了，主动发言的还真不少。其中一位女孩，袖上戴着中队长的标志，人显得很有个性，可是她几次三番扭头瞄瞄听课席，把手举起又放下，最后停靠在耳边，眼睛里流露着矛盾与焦虑。我顿感疑惑，张老师也发现了这个细节。她走到这个女孩身边，亲切地说："你心里一定有话说，说出来，就算是错了，张老师为你扛着。"女孩猛地站了起来，很坚决地说："我真想对李老师说，'老师，我恨您！'"

这句话犹如一颗炮弹在礼堂里爆炸了，大家被"炸昏"了，因为那位李老师就坐在听课席上。我作为这节课的指导老师手心直冒汗，心想：让孩子说，那位李老师能承受得了吗？再说我们是来做客的，怎能冒犯主人呢？不让孩子说，不仅抑制了学生的表达欲望，而且会使这位女孩的心灵又一次受到伤害。我不敢做任何暗示，就由张老师自己决定吧。此时的张老师很快回过神来，她俯下身子轻柔地说："看来你心里还真有委屈"，她顿了顿，然后提高声调说："说吧，说出来你会舒服点。"

女孩终于说出了发生在三年前的事。那时她在离家几步远的中心学校上学而且担任班长，班上有一个教师的孩子顽皮又偷懒，有一天，他正抄袭他人的作业，被这位班长逮了个正着。班长一手夺过他（男孩）的作业本，男

孩不甘示弱，一来二去，作业本被撕破了。女班长因此被"请"进了办公室，班主任李老师把这位女孩狠狠地批评了一顿，最后责令其回家写检讨。女孩想申辩，可李老师却不给她机会，女孩气冲冲地夺门而去，从此女孩转学了。第二学期她转学到这所村小学……

故事说完了，小女孩的泪如断了线的珍珠，张老师掏出餐巾纸一边为她擦泪，一边说："我和你一样难受，我代李老师向你道歉，如果你想哭，就哭吧！""哇"地一声，女孩的哭声惊天动地，在场的人全流泪了。不过女孩很快地调整了过来，哭声停止了。张老师又问："舒服点了吗？还恨李老师吗？"女孩说："不那么恨了！"张老师很激动，她握住女孩的手说："谢谢你，你不仅对我说真话，而且表达了实情，我们已经是知心朋友了。"说完她转过身去在黑板上写了"说真话，表实情"这六个大字。这就是这节课的所有板书了。

紧接下去安排了半小时的练笔，半小时后有 1/3 的学生已完成了习作，这位女孩也在其中。老师请了 3 位上台朗读习作，让大家来评点，女孩被安排在最后一个，她的作文博得一阵掌声。下课铃响了，可张老师却拉住那女孩的手说："咱们再聊一会吧，我也是一位急性子老师，我也犯过李老师类似的错，你为我敲了一个警钟。不过我认为李老师当时过分的严厉不仅是因为那个男孩是个教师子女，还可能因为你是班长，她希望你比别人更出色，对你的要求更高，你认为呢？"女孩笑了。"最后我还得问你一句，在这件事中你有失误吗？你还恨李老师吗？""我也有错，不再恨了。"女孩的笑容无比灿烂，眼神清澈而且富有灵气。

我激动不已，情不自禁地站了起来为她们鼓掌，台下掌声如雷……

原来我只知道这是一个精彩而动人的故事，不知何故却能让我如此刻骨铭心，现在才懂得这是以人为本的理念，是教师特有的敬业精神，是她超出常人的智慧和高尚的人格魅力，这一切交织而成的统一体折射出的一束七彩光直射我心灵深处，才会使我如此震撼。

课堂上的口哨

◇安 勇

老师的一条腿有毛病，走起路来一沉一浮的，为此同学们私下里都叫他"鱼漂"。有一天，老师在课堂上布置了一道分组讨论题，内容是"什么是勇敢？"大家的发言都很积极，有人说勇敢就是见义勇为；有人说勇敢就是视死如归；还有人说勇敢就是知错能改……大家七嘴八舌，各抒己见。老师在教室里走来走去，不时听取同学们的发言。这时，教室里突然响起了一个极不协调的声音，声音虽然不大，但却特别刺耳，毫无疑问，是有人大胆包天吹了一声口哨。

教室里突然之间一片沉寂。老师三步两步走上讲台，阴沉着脸把所有的人看了一遍，声色俱厉地说："刚才的口哨是谁吹的？"教室里无人应声。老师怒不可止，提高了声音怒吼："我再问一遍，口哨是谁吹的？"还是无人应声。老师用教鞭"啪啪"地抽打着讲台，喝令全体同学从座位上站起来，说："如果没人敢承认，你们就一直站下去！"

不一会儿，教室里传出几个女同学的哭声。有一个男同学忍不住喊了一声："口哨是我吹的，和别的同学无关。"他的话音刚落，又有一个同学大声说："口哨是我吹的。"接着又有两个同学说了同样的话。

老师看了同学们一眼，语气缓和了一些说："4个人都吹了口哨，很显然是不可能的事，同学们都请坐，我给你们讲一个故事。十几年前，有一个

刚从学校毕业的年轻老师，参加工作不久就被人强加了一个莫须有的罪名，他们日夜审问逼他承认。这个年轻人非常倔强，始终咬定他没犯那样的错误。最后他的一条腿被打折了，落下了终生的残疾。"同学们面面相觑，搞不清老师为什么要讲这么一件事。

老师平静地看了看同学们，接着说："你们说的没错，见义勇为、视死如归、勇于认错、泰山崩于前而面不改色，这些都是勇敢，但还有另一种勇敢，那就是拒绝。不是自己做的事情，不管压力多大都不承认，这同样是一种勇敢。我知道刚才你们谁都没有吹口哨，你们谁都没有错，因为口哨是我吹的。"

下课时，同学们看着老师一沉一浮走出教室的背影，突然明白了，他就是当年被打断腿的年轻老师。

混世魔王班

◇依 晴

接手高二（2）班时，同事提醒我要以非平常心态对待这个班，因为这是个"混世魔王"班，学生个个都不是善类，他们的"光辉业绩"信手可拈：高一时集体签名逼学校换班主任；全班拒交校服费；至于上课违纪更是家常小事。一开始我还以为是危言耸听，可不久，我就领教了"混世魔王"们的厉害。

那天，我夹着课本伴随着上课铃声来到教室门口，还未走进门就闻到一股浓烈的人参糖味。推开门，几十颗人参糖凌乱地躺在讲台上，"生日快乐"几个大字占据了整个黑板。"啧啧"的吮糖声不时从同学们的口中传出，有些人还陶醉地哼着《生日快乐》歌。我恼怒了，皱着眉头，阴沉着脸，一言不发地注视着他们，期待他们能自觉收敛。看到我一副"山雨欲来风满楼"的严肃神态，大部分同学都悄悄地把口中的糖吐出或吞下，但还是有几名同学满不在乎地继续哼他的歌。

"可以安静了吗？读了十几年的书，难道还不懂得怎样做一名学生吗？"我把黑板擦往讲台重重一放，大声说道。

语音刚落，"多嘴王"许越宾就说："老师，那你懂得怎样做一名好老师吗？老师的职责就是教育好学生，而不是对学生乱发脾气。"

做错事居然还这样理直气壮，我刚要发作，但转念一想，还是以平静的

口气说："你们已是高二的学生了，居然还不懂得遵守纪律，尊敬老师，这样的行为是否让人太失望？"

"有位名人说过，天下没有教不好的学生，只有不会教的教师。你不能把我们教好，就是你自己的失败。"一向以哲学家自诩的刘易慢条斯理地站起来说。

我听了又气又好笑，居然用苏霍姆林斯基的名言来教训我，怪不得他们这样有恃无恐，原来是有这样的信念支撑着他们的行为。眼见大部分同学露出赞同的神态，有几名同学甚至还朝刘易伸出大拇指。我知道如果和他们辩论起来，自己肯定寡不敌众。然而以强硬的手段迫使他们安静，则会引起他们的反感。有什么好办法呢？我的大脑急速地转动着。

突然，灵机一动，我说道："对于刚才刘易的观点，你们有你们的想法，老师有老师的立场，不如我们请一位公正的第三方来当裁判员，看谁有理。"

"请谁呢？"同学们纷纷来了兴趣。

"课本的知识。现在我们来学习'事物发展的原因'这框题的内容，然后再来找答案，好吗？"

"好啊！"这伙捣蛋鬼终于安静下来，难得一见地认真阅读课文。

10分钟后，我提出问题："现在请大家回答问题：影响事物发展的两个原因是什么？它们各自的地位怎样？"

"内因和外因。内因是事物发展的根本原因，外因是重要条件。"响亮的回答表明他们对课文很熟悉。

"老师，你不是说要找裁判吗？它在哪？"许越宾忍不住自己的好奇心。

我扫视了全班同学一眼，见他们个个都翘首以待，于是慢吞吞地一字一句说："在学习方面，同学们自认为处于什么地位？""内因。""老师呢？""外因。""这就是了。不论是在学习知识还是在提高思想方面，

同学们对自己的影响肯定大于老师对你们的影响。现在你们学不好，主要责任应归谁？"听了这话，同学们都若有所思地低下头，我又趁热打铁说："苏霍姆林斯基说的那句话，是从增强教师责任心的角度出发，强调教师的主体作用；但如果从强调学生的主体作用看，这个观点则是片面的，希望同学们以后看问题要善于从多角度来思考，这样才能真正认识事物。你们说对吗？""是的。"同学们心服口服了。

此后，高二（2）班的纪律明显好转。面对个性鲜明、思想尖锐的学生，当老师与他们有想法冲突时，最好的办法是找到教育契机，采取以理服生、以情动生的教育手段，使学生从被动服从转化为自觉接受，这样才能达到最佳的教育效果。

父亲的短信

◇郭艳红

再过半年，玲子就要参加高考了。

每天晚上，父亲都要给她发一条短信。前不久，父亲做了食道癌切除手术，发音不太清晰，只好发短信跟她交流。虽然父亲的短信只有不多的几个字，但每当玲子读到那些短信时，心里总感到一种暖暖的爱意。父亲从来不让她回复短信，因为怕影响她的学习。

一年前，父亲就得了重病。为了让玲子安心学习，他一直瞒着玲子。直到做完手术，玲子才知道父亲得病的消息。没能在病床前照顾父亲，玲子一直感到很愧疚。她知道，父亲唯一的愿望就是自己能考上一所好的大学。现在她能做的，只有努力学习，不让父亲失望。

然而就在高考前两天，父亲去世了。父亲说的最后一句话，是让家人不要把这个消息告诉玲子。到了晚上，母亲把儿子叫到身边，让她给妹妹发一条短信。哥哥流着泪，给妹妹发了一个短信，内容是：玲子，就要高考了，爸就不再给你发短信了，相信你一定能考好。

玲子接到短信，看了许久，然后又静静地拿起了书本。为了不辜负父亲的期望，这一次她一定要考好。

高考结束后，哥哥到学校去接玲子。在校园里，他遇到了玲子的班主任。他向班主任询问玲子最近两天的表现。班主任很高兴，说玲子这两天表现得

非常好，每一场考试都发挥得很出色。哥哥心里一阵酸楚，为了让玲子安心考试，父亲的葬礼都没让她参加。心酸之余，他也感到欣慰，父亲的去世并没有影响到玲子的高考。

当哥哥来到玲子的宿舍外面时，听到玲子的哭泣声。他心里一惊，赶忙走进宿舍，看到玲子趴在床上，正伤心地哭着。玲子一见到哥哥，立刻扑到哥哥怀里，放声大哭起来。

其实，玲子在高考前就已经知道了父亲去世的消息。她是强忍着悲痛，参加完了高考。

玲子怎么会知道这个消息呢？这让哥哥感到有些奇怪。是不是自己发的那个短信有什么问题？他拿出父亲的手机，查找到父亲以前给玲子发的短信。在每一条短信的开头，都有两个字：乐乐。乐乐是玲子的小名，平时，父亲总是喜欢亲热地叫她乐乐。他在发短信时，竟然忽略了这个细节。

一个月以后，玲子再一次来到父亲的坟前。她的手里，除了祭品，还有一张重点大学的录取通知书。

一次未打完的电话

◇贺占强

初一新生入学不久，我就发现不少住校学生都带着手机，经常在校园里旁若无人地打电话，而且课堂上也经常会响起手机铃声，个别学生甚至上课发短信、玩手机游戏。班里的风气很是不好。

班会上，我宣布任何同学不得把手机带到学校，一经发现，按违纪处理。此后几天，教室里再也没有响起手机铃声，也没有发现学生打电话。

一天中午，例行检查时我竟然看见刘欣拿着手机，躲在教室外面的角落里打电话。一直以来，我都觉得他是一个文静、听话的男生，没想到他却第一个违纪。我气冲冲地快步走到他跟前，把手机夺了过来。刘欣一副惊慌失措的样子，嘴唇嚅动了半天，最后还是一个字都没说。我强压住心头的怒火，说道："不是不让带手机吗？周末到我办公室拿你的手机。"说完便把他的手机放在口袋里，离开了教学楼。

晚上，我走出办公室，感到一丝寒意。原来不知何时外面已经下起了小雨。我把手伸到口袋里，触到了刘欣的手机。我打开一看，里面竟然有 21 个未接电话。这些电话都来自同一个号码。我有些奇怪，是谁打的电话？短短半天时间竟拨了 21 次！刹那间我感到自己中午的做法可能过于冲动了，不应该不问缘由就没收手机。

我赶紧来到男生宿舍，把刘欣叫了出来。我指着手机里的电话号码问他："这是谁的电话号码？"刘欣说："是我家里的电话。"

原来，刘欣上初中以后，家里的父母非常挂念他，就专门为他买了一部手机。每天中午、晚上，刘欣都要给远在 20 公里之外的父母打一个电话。刘欣的父母没有手机，家里只有一部固定电话。

我忽然意识到问题的严重性，如果今天刘欣不给父母打电话，他们肯定会挂念儿子的。我把手机递给刘欣，让他赶紧往家里打一个电话。刘欣犹豫了一下，便拨通了家里的电话。可是电话却一直没人接。过了一会儿，我又让他拨通了电话，还是没人接。

快到熄灯时间了，刘欣家里的电话一直没人接。外面的雨也越下越大。下这么大的雨，刘欣的父母能去哪里呢？我有些着急了。临走时，我对刘欣说："睡觉前再往家里打一个电话，不要让爸爸妈妈牵挂。"

刚走到宿舍楼外面，忽然看到一辆摩托车冒着雨从远处驶了过来。摩托车停在宿舍楼前，两个人从车上下来了。尽管穿着雨衣，但他们的衣服还是被淋透了。借着楼道里的灯光，我认出了那是刘欣的父母。

"贺老师，刘欣没事吧？怎么不往家里打电话呢？"一看到我，刘欣的妈妈就急切地问。

"没事儿，今天是我把他的手机没收了。这不，刚把手机还给他。"我懊恼不已，因为我一时的疏忽，竟让他们在这漆黑的夜晚，冒雨赶了 20 公里，来学校看望自己的儿子。

"今天中午，刘欣正在打电话，电话忽然中断了。晚上也没往家里打电话，我们还以为刘欣遇到了什么麻烦。现在知道他没事儿，我们就放心了。"刘欣的爸爸说。

我又跑到宿舍楼，把刘欣叫了下来。他妈妈一见刘欣，就从衣服里掏出几个煮熟的鸡蛋，对他说："给你带了几个鸡蛋，还热着呢。"

临走时，他爸爸又说："以后记着往家里打电话，免得让我们挂念。"

刘欣看了看我，我对他说："是老师不好，以后一定记着打电话。"

看着雨中离去的背影，我怔怔地站在雨里，任凭雨滴落在我的脸上、身上。我只看到了手机的负面影响，却不知道，在手机的那一头，还牵挂着无数父亲母亲的心。

回到住处，我静静地坐在窗前。窗外，雨仍然淅淅沥沥地下着。半个多小时过去了，不知道刘欣的父母是否到家。我拿出自己的手机，拨通了那个既陌生又熟悉的号码。

"欣儿，刚才不是打过电话了吗，妈妈已经回家了。天不早了，赶紧睡觉吧。"刚拨通，电话那头就传来了刘欣妈妈的声音。我的心头一热，在电话里，我感受到的是一个母亲对儿子殷殷的牵挂。

我应了一声，默默地把手机关了。

"NO"字难说

◇佚　名

在一次闲谈中，乔治的爸爸对他说："在所有的词中，我所见过的最难说的就是仅仅两个字母的'NO'。"

"你在骗我！"乔治大喊，"这可是世界上最好说的词呀！"为了证明父亲的错误，他说了无数遍"NO"。

"我可没开玩笑。我认为这是所有词里最难说的一个。你今天觉得很容易，明天就可能说不出口了。"

"我肯定能说出这个词。"乔治很自信地说，——"NO，这就像呼吸那样容易。"

"好，乔治，我希望你能像想象的那样，当你在应该说'NO'的时候能轻轻松松地说出来。"

早晨，乔治高高兴兴地上学去了，他很自豪，因为他能把那个难读的词读出来了。

学校附近有一个很深的池塘，冬天结冰时，男孩子们常到那儿去滑冰。

一夜之间，池塘的水面成了美丽的冰面。早晨，当孩子们去上学的时候就看见了那像玻璃一样光滑、平坦的冰面。他们想，到中午冰面就会冻得足够结实，那时就可以滑冰了。一下课，孩子们就跑到池塘边，有的想试一试，有的只是看看热闹。

"乔治，快来呀！"威廉·格林大声喊，"我们可以美美地溜上一圈了。"

乔治却犹豫不决，他说冰面只是昨天晚上才冻的，还不够结实。

"噢，笨蛋！"另一个男孩说，"够结实了，以前的冰面也是在一天之内

冻成的，不会有问题，是吗，约翰？"

"是啊。"约翰·布朗说，"去年冬天也是一晚上就冻成了，而且今年比去年更冷些。"

乔治还是犹豫不决，因为没有得到父亲的允许他不敢去滑冰。

"我知道他为什么不来。"约翰说，"他怕摔倒。"

"他是个胆小鬼，所以不敢来。"

乔治再也无法忍受这些嘲笑了。自己的勇敢一直是他的骄傲。"我不怕。"他大声说，第一个跳到冰面上。男孩子们玩得十分开心，他们跑呀、滑呀，想在光滑的冰面上抓住对方。

越来越多的孩子加入了他们的行列，几乎所有的人都忘记了危险。突然，有人大喊："冰裂了！冰裂了！"果然冰裂了，3个孩子掉了下去，在水中挣扎着，乔治也在其中。

老师听到嘈杂声，立即赶到。他从旁边的一个篱笆上拆下几根木条，沿着冰面伸过去，直到水中的孩子能抓到。他终于把3个快要冻僵的孩子救出了池塘。

当乔治被送到家时，他父母伤心极了。在乔治暖和过来以前，他们什么也没问，他们庆幸他脱险了。到了晚上，当大家都坐在壁炉前的时候，父亲问他为什么忘了他的劝告。

乔治回答说，他并不想去，而是其他的孩子非让他去不可。

"他们是怎样非让你去不可的？他们把你抓去的还是拖去的？"

"不，他们没拉我，但他们想让我去。"

"那你怎么不说 'NO' 呢？"

"我想这样说，但他们叫我胆小鬼，他们这样说，我无法忍受。"

"换句话说，你宁可不听我的话，冒着生命危险也不愿对人说 'NO'，是吗？昨晚，你说 'NO' 最容易说，但你没做到，不是吗？"

乔治开始明白为什么"NO"这个字那么难以启口了。不是因为它太长，也不是因为它多音，而是因为说"NO"时需要真正的勇气，尤其是当你面对诱惑的时候。

三位美国老人

◇廖文胜

在美国访问期间，有三位老人给我留下了非常深刻的印象。

一位是爱哭的富翁。第一天晚上对我的欢迎仪式就是在这位老人家里举行的。他是为友谊学校捐赠最多的人。校长告诉我说，他也是慢慢接受校长的办学理念的。虽然他外表看上去非常爱发脾气，但内心是很有情感的。他的别墅是一幢很宽大、很气派、很豪华的建筑，但里面的房间都是空空的，有个房间里摆着他孩子的照片，可见老人对孩子的想念。而那照片也摆得很特别——摆在床头而且放得很大。遗憾的是我没有拍下这幅照片。室内墙上，老人收集了很多世界各国的文化物品，包括了中国的一些传统物品。

老人领着我参观他的书房，满壁书橱，满桌都放着整齐的书，一看就是一个温馨且富有书香气息的地方。

老人坐在他的书桌前，给我讲了他夫人刚刚去世。他指着沙发说，"她原来每天晚上都坐在沙发上打毛线，陪伴我度过每一个阅读的晚上。"说着说着老人就悲痛起来，泪流满面。我走过去抱着他，拍拍他的背，我心里想：哭吧，可爱的老人，我知道你内心有多痛苦！所以，我越抱越紧，把他搂在自己的怀中。我很少见到老人如此的伤心，我的内心很痛，因为我顿时也想到了我母亲的离去。他就像一个长者，一个很可爱的长者，一个经历了人生沧桑、脸上刻着皱纹而没有失去人的天性之情的长者。

后来校长给我讲述了这位老人的故事，他说他夫人刚刚诊断出得了癌症

时，医生说只能活 6 个月，老人即刻变卖了家里的所有财产，全力照顾他的太太。不断地医治，不断地保健，让他太太活了 5 年。老人讲，他们把每一天过得像是最后一天，所以他们要每一分钟都在一起。我能体会到时间那样残酷地流逝意味着什么。我不太知道他们是怎样在痛苦与幸福中相伴走了过来，至少那是一段难忘的回忆。所以，在我得知母亲患癌症以后，我的头脑中老是有一个想象的场景，那就是看着母亲一天一天远离我。所以，我曾写道："伴随母亲远去的日日夜夜，我像是和这位老人有缘，所以我以感同身受之心去拥抱老人；我愿世间所有的人，能够相互温暖，彼此同心；我也愿世间所有的人，不要轻易丢失自己内心的亲情，只要人活着，苍凉也是最美的风景。"

接下来讲一个爱开玩笑的 84 岁父亲的故事，会让我们感觉轻松一些。这位父亲不是别人，就是我们美国友谊学校校长的父亲。那天，校长和他的父亲一起以家宴的方式宴请我，八十多岁的父亲在场，对我来说是最高的接待礼仪了。坐下来的时候我和他父亲攀谈，现在还想得起他的微笑，是那样的舒心与洒脱。其他我不多讲，我摘录一段他们父子之间的对话。

儿子说："我们都劝他不要工作了，但是我们知道他会工作到死的那一天。"父亲望着他讲："看是死先来，还是工作先来，工作先来我还是先干工作。"

儿子又开玩笑地说："他每时每刻都觉得自己还小，84 岁就不应该开车了，我们常常这样劝他。"

父亲说："我这样开心，好玩，就是你，"指着自己的儿子说，"你传给我的。"

校长的父亲给我讲起了他的工作，也讲起了他和中国香港的生意往来。

他是做一个电器开发的企业管理，而且有许多自创的专业产品，如有声控的卫生间、电灯。我不太懂，只是觉得他就是在那些常用的家居用品上去做改进，让它们更环保、更省电，给生活带来更多的方便。我感觉他讲自己的企业的时候，才是真正的乐此不疲。

离开他家时，我上了校长的车，老人自己开车回家了。校长给我讲他最大的愿望就是把母亲和父亲接过来一起住，能照顾一下他们。这是他心底里最幸福的事情。

第三位老人是一位76岁的老太太，是她把我们中国的校长团开车从塔尔塞送往俄克拉荷马州。我们的接待者杰克在车上告诉我们说，这位老太太是一位社区的志愿者，她愿意来做义工。从塔尔塞去俄克拉荷马州是两个小时的高速路，我记得中途在一个站上休息了一会儿。怎么去认识这位老太太呢？大家看看相片，看看我们许多人和她的合影。从她精瘦的身材，从她脸上灿烂的笑容，从她的肢体中透出的神气，我们全团的人有种自愧不如的感觉。尤其有意思的是，这位76岁的老太太司机，把我们带到了俄克拉荷马州最有名的城市奔马雕塑下合影。一座城市，就是一首凝固的诗，为什么要在城市中放上一匹奔马，它的含义是不言而喻的。

爱哭的老人，爱开玩笑的父亲，76岁的女司机，这三位老人是那样潇洒、奔放、灿烂、阳光，不就是那座城市的永不停息的奔马吗？

笨一点儿不要紧

◇周　墨

"我真的很笨吗?"回家的路上,这个问题一直在小女孩的脑海里打转转,课堂上的那一幕在她眼前不停地回放。

朱老师端坐在讲堂上,用鄙夷的目光死死地盯着她,"你怎么这么笨啊?'b''d'不分,要教多少次你才记得住!"她只能把头埋得更低一些,默默地承受着一切。"算了,今天你先回去,明天早上到黑板上来听写,如果再听写不对,看我怎么治你!"说完便夹着书本大步走出了教室。冰冷的教室里,小女孩使劲地睁着眼睛,但眼泪还是顺着脸颊簌簌地往下掉。

父亲一回家就发现了女孩的异样,看见女儿耷拉着脑袋便走过去坐在她身旁,摸摸她的头,关切地问:"怎么?谁惹我们的小公主不高兴啦?瞧你这副蔫萝卜的样子!"

"朱老师今天说我笨!"女儿嘟着嘴说道。

"朱老师说你笨?她为什么这样说呢?到底怎么回事啊?"父亲有些紧张。

"今天我们听写拼音,我分不清楚'b'和'd',好几次都写反了,所以朱老师就说我笨!"父亲脸上流露出一丝不易察觉的愁容。

"爸爸,我是不是真的很笨啊?"看着女儿委屈、天真、无辜的眼神,父亲的心一下子就揪得紧紧的。他虽然不知道朱老师为什么要这样说,但他知道女儿还这么小,一定不能让这事在她心里留下阴影,要让她知道自己不

仅不笨，而且即使笨也不要紧。

"其实听写的时候我记得'b'的耳朵在右边，'d'的耳朵在左边的，不知怎么写出来时就反了。"女儿低着头嘟哝到。

"你看，你刚才不就说对了吗？'b'的耳朵在右边，'d'的耳朵在左边，这说明你并不笨啊！"父亲握着女儿的小手微笑着说。

"真的吗？爸爸，我不笨！"女儿脸上露出一个浅浅的、一闪而过的笑容。

"当然啦！你不仅不笨，而且即使真的笨也不要紧的！"父亲肯定地说。

"为什么啊？"女儿充满好奇地问道。

"爸爸给你讲个故事，你就明白了。"

父亲站起来，一边踱着步一边讲："从前，有一个小孩在家里的书房读书，一篇文章读了不知多少遍，就是背不下来。"讲到这里他悄悄地看了女儿一眼，女孩正了正身子，看那表情似乎对故事的下文很感兴趣。

父亲继续讲道："这时候，他家来了一个贼，躲在他书房的屋檐下，希望等他读完书睡觉后偷点东西。可是等啊等啊，那小孩就是不睡觉，一直翻来覆去地读那篇文章。最后，那个贼实在是等不下去了，从屋檐下跳下来怒气冲冲地说：'你这种水平读什么书？'说完就将那篇文章背诵一遍，然后扬长而去了。"

"好啦，故事讲完啦！爸爸问你一个问题，你觉得故事中的贼和小孩谁比较聪明呢？"父亲讲完故事便问。

"那还用说，当然是贼了！"

"为什么呢？"父亲追问道。

"贼光是听就能把书背下来，而小孩读了一晚上也不能背诵，当然是贼比较聪明了！"

"对，贼是比较聪明，记忆力很好，听过几遍的文章就能背下来。但可

惜他聪明反被聪明误！"

"聪明反被聪明误？这是什么意思呢？"

"因为贼虽然聪明，但是却不懂得坚持也是很重要的，如果他耐心地等小孩睡觉后，也许就偷到东西了。而小孩呢，记忆力虽然不怎么好，但却知道勤奋、坚持，一篇文章要直到记住才睡觉，这才是真正的聪明。知道该向谁学习了吗？"父亲趁热打铁地问道。

"知道了，向那个小孩子学习！"

"这就对了！你知道吗？那个小孩的名字就叫曾国藩，是我国历史上最有影响力的人物之一，连毛主席都很钦佩他噢！"

"哇，他真厉害！爸爸，看来笨一点真的不要紧哦！我也要去学习啦！今晚我一定会把字母记熟的！"女儿信誓旦旦地说着跑进自己的房间。看着女儿的背影，父亲长长地舒了一口气。

尽管如此，临睡前小女孩还是完全释怀。整晚，朱老师的话仍然时不时地在她耳边响起，脑子里全是"b"和"d"的影子。

第二天，朱老师真的点名让小女孩到黑板上听写，她怀着一颗惴惴不安的心走到讲台上，其他的拼音她都能准确无误地写出来，就是'b'和'd'这两个字母她写了擦、擦了写，改了好几遍，直到想起昨晚父亲那句"你看，你刚才不就说对了吗？'b'的耳朵在右边，'d'的耳朵在左边，这说明你并不笨啊！"她才轻轻地放下黑板擦，抬起头，微笑着望着老师的眼睛走下讲台。

"对了嘛，努力记怎么可能记不住！"小女孩走过过道时，朱老师微笑着说道。

撒给良心的阳光

◇吴　明

那天晚上一进家门，玫就发现家里的气氛不对：儿子有点萎靡不振，默默地趴在桌子上写作业，只抬头望了她一眼，完全没有了平时嬉皮笑脸的做派，孩子的爷爷奶奶好像也不愉快。

怎么回事？玫纳闷了，询问的眼光投向儿子，没想到这小子正用求援的眼神看着她，小脸上写满了疑惑，眼睛里还闪着泪光。玫慌了，走过去抚着他的头问："怎么了？惹奶奶生气了？有功课不会做？"

没等儿子说话，奶奶在一旁愤愤地开口了："唉，这个社会都成啥样了？好人没好报！宝宝在上学路上拾到 300 元钱交给老师，倒让一帮混小子说成傻孩子了，做好事又让贼给偷了……"

儿子委屈地哭出了声，眼泪越来越多："妈，有几个同学说我交钱很傻，还说我是吃多了薯条快变成土豆了，还有，还有，放学回家的路上有个卖苹果的，筐子从三轮车上掉下来，苹果滚了一马路，我只顾着帮他拾苹果了，把溜冰鞋放在他车上弄丢了……我又没做坏事，呜……我的新溜冰鞋啊……"玫心痛地拥住儿子，拂去他的眼泪："你干得不错，拾金不昧，助人为乐，这都是好事啊！"

爷爷有点不高兴了："要说这原本都是好事情，不该阻止孩子做好事。可现在是什么世道了，如今世风日下，人心不古啊。俗话说，各人自扫门前雪，莫管他人瓦上霜，这话是有一定道理的。保护好自己就行了，不要多管

闲事了，免得招惹是非……"

　　玫一时无语地轻拍着抽泣的儿子，她不想当着孩子的面反驳爷爷，转头看见在路上买的草莓，不禁笑出了声："这样啊，儿子你今天运气真不好啊，做好事遭同学嘲笑，帮助人又被小偷偷了，是挺难过的。可是不能光想不高兴的，告诉你，妈妈今天的运气实在是太好了，瞧，买这些草莓，妈妈赚回了 90 元钱喔。奇怪吧？我在路上买了两斤草莓，正好 10 元钱，因为急着赶回家，慌慌张张地就把 100 元的钞票给卖草莓的人了，我还说正好 10 元钱呢，给完钱骑上车就走了。还没走出 20 米，卖草莓的人就大声喊着追过来，找给我 90 元钱，说我多给了！

　　"儿子，想想看，他完全可以不管这事的，等我发现了找他他再还给我也不迟，他也完全可以赖掉不承认我给错钱，因为我没有证据啊，他也完全可以马上走开，让我发现即使拿错钱了也找不到他。可是他却跑那么快、追那么远来还给我！孩子，你说他为什么要这么做呢？是他的良心，是他一生做人的道德啊！我真觉得他是一位值得尊敬的老人。儿子，你能说他傻吗？你能说这世上好人好事少吗？"

　　儿子停止了抽泣，听得很专注，玫看到他的眼睛渐渐生动明亮了。

　　其实，100 元与 10 元的故事是玫的构想。母亲与引导者的双重身份，让她编织了一个美丽的小故事，不是想欺骗，因为她深深地知道：此刻，这个 9 岁小小少年的心里太需要阳光了。

天使永远懂得微笑

◇尚 地 摘编

比尔出生于美国加利福尼亚州，他的父亲毕业于英国剑桥大学神学院，母亲则是加利福尼亚大学的一名哲学老师。比尔应该是一个非常有出息的孩子。可事实上，他却让父母伤透了心。

从 14 岁开始，比尔就不停地闯祸。受身边不良朋友的影响，他从最初的小偷小摸，发展到了吸毒、诈骗、抢劫，最后入狱。对于堕落的比尔，他的父亲却从未放弃。这一切，只源于比尔 7 岁时写的一篇作文。

比尔入狱后，他的父亲经常去看他，比尔对此毫无反应。有一天，他的父亲带着整整一箱照片来到比尔面前，他希望狱方能把这些照片贴在比尔的牢里。因为从未遇见过这样的要求，狱方一直不肯接受。相持一个多月后，比尔的父亲将这件事上诉到加利福尼亚州议会，并与美国最有影响力的媒体《华盛顿邮报》和美国有线电视新闻网取得联系。这件事，在当时引起了一阵轰动。因为比尔父亲的行为，不只是在挽救比尔，更是对人性的一场测验。

那满满一箱子装的，是比尔从刚出生到 11 岁时的照片，每张照片下面，都配有一小行文字说明。

1960 年 7 月 20 日，可爱的小比尔出生了，这是他来到这个世界的第一次微笑，尽管是睡着的。

1963 年 2 月，调皮的小比尔从沙发上摔下来，我们花费了 14 美元，买了一个新芭比娃娃。他端着捆着绑带的手指，痛苦而又甜蜜地微笑。

1964 年 5 月，比尔第一次坐汽车，这时他躺在沙发的后排上，歪着头傻笑。

和这些照片在一起的，还有比尔一年级时写的一篇作文：由于突然降温，邻居家的黑人小男孩约翰在放学时鼻子都冻青了，我把外套脱给了他，他很开心。我并不觉得黑人低人一等，我觉得约翰很可爱，我给约翰带来了温暖，看见他的微笑，我很开心，我觉得自己像个警察，像个天使……

《华盛顿邮报》全文刊登了比尔的作文和照片，并呼吁加州的有关当局能给予比尔父亲一个机会，让他的爱子比尔找到自己人性最善良的一面。狱方同意了这个看似荒谬的"测验"。

这些照片和信被挂在了比尔独处的牢房之内，与比尔相伴了一个多月。期间，比尔显得很安静，没有看报纸，甚至没有出去活动过，他把自己关在房间里，每天看着照片，写着日记。

随后，这本日记本，也成了美国人的目光焦点。日记里记录了比尔这些日子里的想法，他在最后一页里写道——天使永远懂得微笑。

3年后，比尔出狱了，美国法律规定，有犯罪前科的人，不能参加警察考试。比尔的父亲亲自写信给当时的总统罗纳德·威尔逊·里根，希望能够给比尔机会。最后，加利福尼亚州议会奇迹般地讨论并通过了这项关于比尔参加警察局警员资格考试的决议。这也是迄今美国唯一一次允许有犯罪前科人员参与的警察考试。

比尔很争气，当年，他成功地考入了加利福尼亚州警察局。随后，他又获得了多种奖项。

如今已经47岁的比尔，仍然供职于美国加利福尼亚州警察局，还兼职美国多所监狱的心理咨询师，经常对犯人进行心理疏导。

比尔说："其实我一直活得很快乐、很充实"。他要感谢父亲的亲情融注，感谢自己的天使微笑，感谢那件温暖的外套和那篇天真的作文，这些都成为了他的动力。

法律基于人性之上，人本善良，法亦没有了规则。就像比尔一样，其实在这个世界上，每一个人都能成为天使，只要他懂得亲情和微笑。

女儿的习题故事

◇陈学耕　张玉明

望女成凤心切。小女儿刚上初中，我就迫不及待地给她买了一本厚厚的习题集，要求她利用课余的时间做，并规定作业量：每天做一页。

刚开始时，小女儿的热情很高，每天都能按时按量，甚至超量完成，每天我也加以督促和检查。然而没过多久我就发现她开始懈怠了，从刚开始的每天做一页，渐渐地变成了两天做一页，到后来三五天才做一页，最后干脆就不做了。我气恼地从书堆底层找出习题集，翻了翻，总共只做了不到三十页。我用责备的口吻问她："为什么不坚持做下去？"小女儿回答说："这么厚！看着就害怕，要做到什么时候呀？"我掂了掂手中的书，重实实的，翻看最后一页，竟有三百八十多页！按每天只做一页的速度一天不落地去做，需要坚持一年多的时间。这是多么巨大的精神和心理压力呀！别说是一个孩子，就是我们成年人，可能也很难坚持。

我理解并接受了女儿的反抗，最终将习题集束之高阁，但依然有点不甘心。后来我又跑到邮局给她订了一份学习报，报纸八开四版，每周一期，每期除了大量的练习题外，还公布上期练习题答案。另外，报纸还别出心裁地搞了一些有奖征答：给最先寄出正确解答、解法最多、解答最便捷的前5名或前10名读者进行奖励。奖品是书、书签或在报上刊登姓名。

也许是新出版报纸的油墨香给了女儿新奇的刺激，也许是女儿急着想核对上期题目的答案，也许是女儿获奖心切，反正每次报纸一拿到手，她就显

得很兴奋，每每都用最快的速度和最大的耐心去做，白天没做完，就晚上接着做，有时还做到很晚，基本上一份报纸一天就做完了。在等待下一份报纸时，小女儿甚至还念叨道："怎么到现在还没到。"

不知不觉一年过去了，我将报纸全部找出来，叠放在一起，共52份，竟也是高高的一摞！如果把这52张报纸折算成习题集的16开本，相当于习题集的832页。除去一些排版方面的因素，这52张报纸的习题量绝对不会低于那本习题集。然而女儿却在轻松愉快的氛围中自觉自愿地做完了它，丝毫没有当初做习题集时的那种精神负担和心理压力。受此启发，从此以后我再也没给女儿买过一本习题集，倒是有关学习的报纸、杂志订了不少。

类似的例子还有：西华莱德是"二战"期间英国著名的作家兼战地记者。"二战"结束后，西华莱德接到一个每天写一个小剧本的差使。出于信任，广告商并没有跟他签订合同，也没有明确一共要写多少个剧本。心无旁骛且没有一点精神压力的西华莱德就这样不停地写下去，结果连续写完了2 000个剧本。他在事后很有感慨地说："如果当时签的是一张写2 000个剧本的合同，我一定会被这个数目吓倒，甚至把它推掉。"

由此看出，一本习题集用一年的时间来完成，作业负担并不重，而重的是将一年的作业量一次性呈现在学生面前而带来的心理负担。因此，作为教师和家长在为孩子学习减负时一定要注意：减负并不仅仅是减少作业量，而是想方设法、千方百计地为孩子的心理减负，那才是至关重要的。

纸篓里的老鼠

◇王 悦

史蒂夫·莫里斯出生在美国密歇根州的萨吉诺城,幼年随父母搬到底特律。他和班上的同学比,很"特殊",因为他双目失明。对于一个 9 岁的孩子来说,"特殊"意味着被嘲笑、被冷落。小史蒂夫一度生活在重重自卑中,直到他遇见了本尼迪斯太太。

在史蒂夫记忆中,小学老师本尼迪斯太太是颗永不消逝的启明星。她让史蒂夫发现了自己的天赋,教他勇于做个与众不同的人。

故事发生在一间狭小的教室里。本尼迪斯太太正准备上课:"安静,大家坐好,打开你们的历史书……"小学生们不安分地在凳子上扭动着,多数心不在焉。只有小史蒂夫默默无语。上堂课是体育课,孩子们刚从操场上回来,多数人还惦记着玩过的游戏。

"今天天气真棒,我知道你们更愿意在外面玩游戏,"女教师脸上露出微笑,"可是如果不学习,你们就只能一辈子做游戏。"

"安妮,"老师提问,"亚伯拉罕·林肯是什么人?"

安妮急促地低下头:"……他……他有大胡子。"教室里爆发出一阵笑声。

"史蒂夫,你来回答这个问题。"本尼迪斯太太说。

"林肯先生是美国第 16 任总统。"史蒂夫的回答清晰准确,毫不犹豫。他一向是个优等生,但学习好无法减弱史蒂夫的自卑感。除非意识到自己具有得天独厚的才能,否则史蒂夫将永远生活在自怨自艾中。

"回答正确，"本尼迪斯太太满意地说，"亚伯拉罕·林肯是我国第16任总统，南北战争就发生在那个时候……"话讲了一半，她突然停下来，做出倾听的样子，好像听见什么异常的动静，"是谁在发怪声？"

小学生们莫名其妙地东张西望，只有史蒂夫没动。

"我听见一个微弱的声音，是抓挠的声音，"本尼迪斯太太神秘地低语，"听起来像……像是只老鼠！"教室里顿时乱作一团，女同学尖叫起来，胆小的孩子爬上课桌。

"镇静，大家镇静，"老师大声说，"谁能帮我找到它？可怜的小老鼠一定吓坏了。"孩子们乱嚷一气："讲台下面""窗帘后面""安妮的书桌里"……

"史蒂夫，你能帮我吗？"老师向静静坐在座位上的史蒂夫求助。

"OK。"小家伙回答，他挺了挺腰板，脸上闪着自信的光芒。"请大家保持安静！史蒂夫在工作。"本尼迪斯太太示意大家肃静，小教室里很快鸦雀无声。史蒂夫歪着头，屏息凝神，手慢慢指向墙角的废纸篓："它在那儿，我能听到。"

一点儿没错，本尼迪斯太太果然在纸篓里找到了那只小老鼠，它正躲在废纸底下，瑟瑟发抖，结果被听觉异常敏锐的史蒂夫发现了。历史课重新开始，一切恢复原状。但史蒂夫变了，一颗自豪的种子开始在这个黑人盲童的心里生根发芽，渐渐驱散了他的自卑感。每当心情低落时，他便想起那只纸篓里的小老鼠。直到多年以后，他才知道小老鼠不是意外掉进纸篓的，而是本尼迪斯太太特地请来的"助手"。

今天，我们更熟悉史蒂夫的艺名——斯蒂维·旺德尔。旺德尔集歌手、作曲家和演奏家于一身，摘取过22项格莱美大奖，有7张专辑冲进美国流行乐金榜，获得美国音乐世纪成就奖，入选"摇滚名人殿堂"……这些都是因为曾经有只小老鼠"意外"掉进了纸篓。

十万美金遗失之后

◇兰 澜 摘编

30 年前，美国华盛顿一个商人的妻子，在一个冬天的晚上，不慎把一个皮包丢在一家医院里。商人焦急万分，连夜去找，因为皮包里不仅有 10 万美金，还有一份十分机密的文件。

当商人赶到那家医院时，他一眼就看到，清冷的医院走廊里，靠墙根蹲着一个冻得瑟瑟发抖的瘦弱女孩，在她怀中紧紧抱着的正是妻子丢的那个皮包。

原来，这个叫希亚达的女孩，是来这家医院陪病重的妈妈治病的。相依为命的娘儿俩家里很穷，卖了所有能卖的东西，凑来的钱还是仅够一个晚上的医药费，没有钱明天就得被赶出医院。晚上，无能为力的希亚达在医院走廊里徘徊，她天真地想求上帝保佑，能碰上一个好心人救救她妈妈。突然，一个从楼上下来的女人经过走廊时腋下的一个皮包掉在地上，可能是她腋下还有别的东西，皮包掉了竟毫无察觉。当时走廊里只有希亚达一个人，她走过去捡起皮包，急忙追出门外，那位女士却上了一辆轿车扬长而去了。

希亚达回到病房，当她打开那个皮包时，娘儿俩都被里面成沓的钞票惊呆了。那一刻，她们心里都明白，用这些钱可能会治好妈妈的病。妈妈却让希亚达把皮包送回走廊去，等丢包的人回来取。妈妈说，丢钱的人一定很着急，人的一生最该做的就是帮助别人，急他人所急；最不该做的是贪图不义之财，见财忘义。

虽然商人尽了最大的努力，希亚达的妈妈还是抛下了孤苦伶仃的女儿。

她们俩不仅帮商人挽回了10万美金的损失,更重要的是那份失而复得的文件,不久后,商人的生意如日中天,他成了大富翁。

被商人收养的希亚达,读完了大学就协助富翁料理商务。虽然富翁一直没委任她任何实际职务,但在长期的历练中,富翁的智慧和经验潜移默化地影响了她,使她成了一个成熟的商业人才。到富翁晚年时,他的很多意向都要征求希亚达的意见。

富翁临危之际,留下一份令人惊奇的遗嘱:在我认识希亚达母女之前我就已经很有钱了,可当我站在贫病交加却拾巨款而不昧的母女面前时,我发现她们最富有,因为她们恪守着至高无尚的人生准则,这正是我作为商人最缺少的。我的钱几乎都是尔虞我诈、明争暗斗得来的。是她们使我领悟到了人生最大的资本是品行。

我收养希亚达既不是为知恩图报,也不是出于同情,而是请了一个做人的楷模。有她在我的身边,生意场上我会时刻铭记,哪些该做,哪些不该做,什么钱该赚,什么钱不该赚。这就是我后来的事业兴旺发达的根本原因,我成了亿万富翁。

我死后,我的亿万资产全部由希亚达继承。这不是馈赠,而是为了我的事业能更加辉煌昌盛。

我深信,我聪明的儿子能够理解爸爸的良苦用心。

富翁在国外的儿子回来时,仔细看完父亲的遗嘱,毫不犹豫地在财产继承协议书上签了字:我同意希亚达继承父亲的全部资产,只请求她能做我的夫人。

希亚达看完富翁儿子的签字,略一沉吟,也提笔签了字:我接受先辈留下的全部财产,包括他的儿子。

为了最美的遗传

◇包利民

那是一个阳光明媚的午后，27 岁的昆塔尼拉心里涌起了一阵悲哀，她遇到了一生中最难忘的事情，尽管她已经有所预料。

那一天，两个儿子所在小学的校长对她说："你的两个儿子反应很迟钝，我们只好把他们编入与他们能力相仿的阅读小组去了。"她知道校长话中的含义，被编入阅读小组的学生，通常就是被人们称为低能者或智力障碍者的。阳光仿佛瞬间失去了温暖，儿时的记忆像一阵阴风从岁月深处吹来。

昆塔尼拉出生在墨西哥，13 岁的时候，父亲带她去学校，由于英语智力测验成绩很差，她因此被编入一年级。在一年级上了 4 个月后，由于处处觉得低人一等，她被迫辍学了。她也一直被列入反应迟钝之列，被周围的人嘲笑着长大的。如今两个孩子也被列入低能者，可她知道儿子是聪明的，只是由于英语不好才受到影响。晚上，她想和他们交谈，孩子们的话却让她的心再次震惊："妈，努力是没有用的，他们说这是遗传。"

那个晚上，昆塔尼拉彻夜未眠，她忽然明白，要想帮助孩子们，必须从自己开始。于是，她开始自学英语，27 岁的她死啃教科书，硬背字典，可是进步却慢得使人灰心。看到孩子们嘲弄的目光，她下了另一个决心，那就是重新去上学！

她去拜访了一位中学教育顾问，那人的答复让她绝望："你的履历表明你反应迟钝，智力低下，我不能推荐你。"

她泪流满面地回家。当她看到孩子们，心里又涌起了希望，她对自己说，不要泄气！她又去找孩子们的校长，诉说了自己的想法，意想不到的是，校长建议她到德克萨斯南方学院去试试。她兴奋地跑去那里，该学院的登记员被她强烈的求知欲望所感动，便答应让她去上4门基础课，不过有个要求，考试不及格就要走人。

昆塔尼拉的求学生活开始了，她每天乘车去学校，中午赶回来为丈夫和公婆做午饭，接着赶回学校，然后再回家接孩子们放学。可是即使这样，她学习仍然很努力，事实证明她的接受能力很强。

第一学期，她受到院长的器重，在院长的鼓励下，她的成绩大幅度上升。随着知识的深入，她发现了一个激动人心的新世界，就是知识和技术的世界。她忽然觉得自己应该有一个大学学位。于是一年后她进入了潘·美洲大学，那儿离家有70英里，她每周二、四两天坐车去上课，一、三、五仍在德克萨斯南方学院上学。3年后，她获得了初级学院学位，还以优异的成绩获得了潘·美洲大学的理科学士学位。

孩子们终于发现了母亲的与众不同，因为一般的美籍墨西哥母亲都不上大学。他们开始钦佩母亲，在她的鼓励和感染下，孩子们各方面的能力都迅速提高，自信心也增强了，不但转到了正常的班级上课，成绩也名列前茅。

1971年，昆塔尼拉被授予西班牙文学硕士学位。当豪斯登大学发起新的墨西哥美国文化研究运动时，她被任命为终生理事。她很快适应了行政管理方面的工作，新工作又促使她去攻读博士学位。1973年和1974年是她最忙碌的时候，除了专职行政工作和攻读博士学位外，她继续在大学任教。1977年，她获得博士学位后，拥有了美国教育委员会一年的会员资格。她是有史以来第一个获该委员会资格的拉丁美洲妇女。1981年，她又被提升

为豪斯登大学的教务长助理。

此时她的两个孩子已经先后上了大学，是学校里成绩最好的学生。一个阳光明媚的午后，他们的校长给她打电话，告诉她两个孩子再次夺得年级第一名的消息。她笑了。那个晚上，大儿子对她说："妈，你是最好的，我们也是最好的！"她问："真的吗？"

二儿子回答说："当然，我们有今天的成绩，人们说这是遗传！妈妈，没有你的努力，就没有我们的今天！"郁结在昆塔尼拉心中多年的冰块终于消融了。

此后，昆塔尼拉又赢得了许多荣誉，可是在她的心底没有什么比对孩子的爱更深的了，事实上她是为了孩子才有了今天的成绩的。

当年被看成是反应迟钝的两个儿子，一个成了著名的医生，一个成了律师。他们现在这样对人说："假如说我们有所作为，那是因为我们的母亲给了我们爱抚、自信和支持！"

荣誉答案

◇尚　地　摘编

普希金是一位伟大的诗人，但他的数学学得一点儿也不好。当他还是一名小学生时，他发现老师给同学们讲解的四则运算例题最终的结果总是零。

所以，从那以后，无论他解答哪一道数学试题，他甚至连题都不看一眼，就在等号后面写上"0"。他的数学老师对他没有丝毫的办法。

"去写你的诗吧！"老师对普希金说，"对你来说，数学就只意味着零。"

当普希金成名以后，一次他坐着四轮马车去奎夫城，在路上四轮马车翻了。

普希金跳出来，走进了路旁的一家小旅店。当旅店的老板知道这就是伟大的诗人普希金时，异常兴奋，便赶忙跑到地窖里，取出一瓶最好的酒，款待这位受人尊敬的客人。老板娘则取出了一本很大的旅客登记簿，要求普希金签名。

当普希金在登记簿上写下了自己的名字以后，看到老板的小儿子正尊敬地用双手捧着一本练习本站在他的面前。这位小男孩也希望诗人给他签名，但是因为在打开的练习本上有一道四则运算试题，普希金以为小男孩是要求自己给他解答这道题目。

于是，他像过去一样，用笔在算式的等号后面写上了"0"，并对小男孩说："小家伙，试试你的运气如何？"

第二天，这位伟大诗人写的答案上被打了一个鲜红的"×"。小男孩简

直不能相信他的老师。

"他怎么会错呢？"小男孩眼中噙着泪说，"它是由普希金本人做出来的！"

这件事被荣誉校长谢连科夫将军——一位年老且失明的贵族知道了。"好啦！"这位老人说，"我根本就不懂教育，却被邀请做你们的荣誉校长。"

"普希金也不懂数学，所以就让这个零作为这道题的荣誉答案吧！"

就像崇拜导致模仿，崇拜也会导致盲从，在我们对一件事做出判断时，最好想想，我们的判断是否被某些人所左右，这种左右是否会干扰我们判断的准确性。

一个男孩的启迪

◇（英）普来斯考特

　　饥肠辘辘的我匆匆进了一家餐厅。我找了一个安静的角落坐下来，希望利用这难得的几分钟边吃东西，边修改电脑系统中的一些错误，顺便规划一下我的休假旅行，我已经很久没休假了。

　　我点了一份烤鱼、一份沙拉和一杯橙汁。不管怎样，饿归饿，该节制还是要节制，是吧？

　　我打开笔记本电脑，这时身后一个稚嫩的声音吓了我一跳："先生，您有零钱吗？"

　　"我没有，小伙子。"

　　"我只想要点儿钱买个面包。"

　　"那好吧，我给你买个面包。"

　　我的电子邮箱里面有很多新邮件，我读着里面的内容，因为一些小笑话哈哈大笑……

　　"先生，给我要点儿黄油和奶酪吧，我想抹在面包上吃。"

　　我这才发现小男孩还没有走开。

　　"好吧，我给你，但是之后你要让我工作，我很忙，好吗？"

　　我的午餐来了。我替小男孩叫了吃的，服务员问我要不要把小男孩赶出去，理智阻止了我。我对服务员说没关系，他可以留下来。

　　小男孩坐在了我的对面。他问我："先生，您在干什么？"

　　"我在看电子邮件。"

　　"电子邮件是什么？"

　　"就是别人通过互联网发给我的电子信息（我知道他听不懂，但我希望

能尽快摆脱这些问题），就像一封信，但是通过互联网发送的。"

"先生，您有互联网吗？"

"有，在今天的世界，它是很重要的。"

"什么是互联网？"

"是电脑上的一个地方，在那里，我们能够看东西，能听东西，包括新闻和音乐，能认识朋友，能看书写字，可以做梦，可以工作，可以学习。虚拟世界里什么都有。"

"什么是虚拟？"

我尽量用简单的语言来解释，我知道他听不懂多少，我只希望这之后他就能让我好好吃饭了。

"虚拟的东西就是我们想象出来的东西，是我们碰不到摸不着的，我们可以在那里梦想着很多我们想做的事情。我们可以相信我们的幻想，只要我们愿意，就可以改变这个世界。""多好啊，我喜欢！"

"孩子，你明白虚拟的意思？"

"是的，先生，我也生活在虚拟世界里。"

"你也有电脑？"我感到很诧异。

"不，但我的世界也是这样的，是虚拟的世界。我妈妈整天都在外面，很晚才回来，我几乎看不到她。我要照顾每天总是哭个不停、总是要吃东西的弟弟，我给他水喝，骗他说那是汤。我姐姐也每天都出去，她说她是去卖身，但我不懂，因为她每天回来的时候身体都还在。我爸爸很早以前就进监狱了，但我总是想象着我们全家都在一起，在家里，有很多吃的，圣诞节也有很多玩具，我想象着自己每天上学，某一天能当上医生。这是虚拟的，先生，不是吗？"

我关掉了电脑，却没来得及阻止眼泪落到键盘上。我等着小男孩狼吞虎咽地吃完他的午餐，我付了款，又给了他点儿钱，他对我报以真诚的微笑，这样的笑容是我一生中难得一见的。他说："谢谢先生，您真是个好人。"

这时，我真实地感受到，我们每天生活在荒唐的虚拟世界中，却没有意识到，围绕在我们身边的是真实而残酷的现实。

妈妈，您会死吗？

◇代昭士

琴带着刚刚三岁的女儿，去市场买菜。经过一个街口的时候，女儿拉拉妈妈的手，指着马路对面的花圈问："妈妈，那是什么花啊？好漂亮。"妈妈微笑着回答说："那是花圈啊。"

"妈妈，我喜欢花。"

妈妈蹲下来认真地跟女儿说："乖，那是送给死人的花。"女儿似懂非懂地点点头。

琴开车送女儿去幼儿园，天气晴朗，蔚蓝的天空，飘着几朵白云。女儿看看天空又看看妈妈，问："妈妈，您会死吗？"琴面对女儿这突如其来的问题，一时间不知道怎么回答，想了想说："妈妈当然会死了，人没有不死的。"

女儿："那我也会死吗？"

妈妈："当然了，生命不是永远的。"

女儿有些伤感。

女儿："妈妈，您死了会去哪里呢？"

妈妈看着天上的白云说："妈妈死后，会变成天上的白云。"

女儿："那我死后是不是也会变成白云呢？"

妈妈："当然了。"

女儿高兴地说："那太好了，我死后，我就可以去找您了。"

女儿认真地看着天空，数着白云。突然难过地说："妈妈，天上好多白云，我不知道哪个才是您啊！我找不到您，怎么办啊？"

琴一时不知道怎么回答。

女儿想了想微笑着说："妈妈，没关系，我会一朵云一朵云地去敲门，然后我就问：'您是我的妈妈吗？'您听到一定不会不理我的，对吗？"

车子一个急刹车停在路边，琴紧紧地把女儿搂在怀里，琴知道，这是她听到的天籁之音。

孩子淡漠名利

◇卢晓玲

我的儿子也是我的学生，上初一。偶翻他的随笔，看到了这么一段："我有一个滑板车，虽然我现在有了高档的滑冰鞋，但我还是很珍爱我的老滑板车，有时还是会拿出来玩一玩。滑板车中间是一块木板，用 4 个轴承支撑，样子比不上上百元的滑板车好看，但滑起来很流畅。每次看到它，我就想起父亲躬身为我制作的过程。里面饱含着父亲对我深深的爱。"

我想起了买滑冰鞋的往事，那年孩子大约八岁，院子里有几个孩子买了滑冰鞋，酷极了。儿子是从不要这要那的，他自己找了一块木板，不知从哪里弄来几个木轱辘（后来才知道是转遍了村子才找到的几个不规则的木饼），自己在储藏室里叮叮咚咚地忙了起来。可是好做却不好用，满脸的汗珠换来的是一踩就倒的失望。

后来他父亲看到了，就帮他安上了四个轴承滑轮，美观了许多。儿子高兴地踏着自制的滑板车，很开心。

看到儿子在一群孩子中显得那么寒酸，我就问他："孩子，与他们比起来，你的滑板车很难看，是不是啊？星期天的时候我也给你买一双滑冰鞋。"

儿子一点也不在乎，"这就很好啊，这就很好啊！"又滑跑了。

当时几个家长都在，笑呵呵地看着孩子们玩，我感觉脸上很难看，很是无光。强忍着那自认为受辱的心。

后来，我就给儿子买了一双高档滑冰鞋，比别的孩子都要好，看到自己的孩子穿着很耀眼的滑冰鞋，在孩子们中间穿梭，心里很满足，应该是虚荣心得到了极大的满足。以为孩子就是孩子，大大咧咧的，却没想到孩子对这件事情竟有这样的记忆。

在孩子眼里，没有金钱名利，只有纯真的快乐，只有人与人之间的感恩；在孩子面前，我们成人真是庸俗不堪。不要用我们世俗的眼睛来看孩子，在对待孩子的时候，请先擦一擦眼睛，等眼睛清澈了，再跟孩子说话，因为孩子不懂名利。

感 恩 雨

◇魏晓氏

这是旱季里最热的一天，几乎连续一个月没有下雨。田里的农作物正在枯死，母牛挤不出奶，溪流已干涸。看来在这个旱季结束之前会有好几个农场主要宣布破产了。我的丈夫说，他的兄弟们每天要费很大的劲把水弄到田里去。过了不久，我们只好开车到附近的水站运水，可很快严格的配给制度让每个人都取不到多少水。如果再不下雨的话，我们很快就会失去所有的一切。

正是在这大热天，我亲眼目睹了平生所遇到的一个奇迹，也真正理解到了分享的意义。当我在厨房为丈夫和他的兄弟们做午餐时，我看到了6岁的儿子比利正向树林走去。他的样子很严肃，一点也没有平常走路时充满孩子气的横冲直撞。我只能看到他的背部，不过很显然，他走得很费劲，他在努力保持平衡。进了树林几分钟后，他又朝房子这边跑回来。我则继续做三明治，想着不管比利在做什么，他也都该做完了。

然而过了一会儿，他又继续缓慢而坚定地向树林里走去。这种行为持续了一个小时，他小心翼翼地走进树林，然后往家里跑。最后，我实在忍不住了，蹑手蹑脚地走出房子跟着他。我小心翼翼，不想被他发现，因为很明显，他"身负重大使命"，而且也不需要妈妈的过问。

只见他把手掬成杯状，小手里捧蓄大约两至三汤匙的水，小心翼翼地走着，以免洒了手中的水。在进林子后我偷偷地靠近他。树枝和荆棘划过他的

197

小脸，可他并没有避开。他有更重要的事要做。当我倾身窥视时，我看到了一幕不可思议的画面：几只硕大的鹿赫然耸立在他面前，而比利直接向它们走去，我吓得几乎大叫让他躲开，其中一只有锋利鹿角的大公鹿离他特别近。但这只公鹿并没有吓着比利，甚至在比利跪下时它也一动不动。我看到一只小鹿趴在地上，很明显它正承受着脱水和中暑的痛苦，费劲地抬起头舔着盛在我那可爱孩子手中的水。

等到水被喝干后，比利站了起来，转身向房子跑去。我跟着他回到家，来到我们的储水罐前，比利尽力拧开水龙头，只见一小滴水开始流下来。他跪在那儿，让水慢慢地滴在他那临时的"杯子"中，阳光直刺在他的背上。突然间我明白了比利不叫我帮忙的原因……上星期他因为玩弄水管而遭到处罚，得到了不能浪费水的教训。大约 20 分钟后，他的手里盛满了水。

当比利站起来准备往林子里走时，我拦住了他。他泪眼汪汪地说："我没有浪费水。"说完就朝树林走去。我也从厨房拿来一小壶水，加入了他的行列。我让他独自照顾小鹿，自己没有插手，这是比利自己的事。

我站在树林边，望着我所见过的最美丽的心灵努力营救另一个生命，泪水顺着我的脸庞掉在地上。然后，我突然间发现一滴、两滴，接着越来越多的水滴掉了下来。我仰头望天，甘霖从天而降！